大展好書　好書大展
品嘗好書　冠群可期

大展好書　好書大展

品嘗好書．冠群可期

太極拳創始人陳王廷像

五派太極拳傳人手拉手。左起：李秉慈（吳式）、陳正雷（陳式）、楊振鐸（楊式）、喬松茂（武式）、孫永田（孫式）。

陳式太極拳第十一代傳人，作者的老師陳正雷在日本

和師公陳照奎合影。
後排左起：崔廣博、陳瑜、
陳小旺、陳正雷、李務公。

和陳正雷老師在一起。
左起：高東祥、王海軍、
王二平、陳正雷、崔廣博、
張東武、張曉武。

陳式太極拳忽龍架傳人，作者先祖父崔德中（1898—1978）

弟　崔廣利

子　崔大斌

女　崔曉暉

孫　崔敬宇

參加比賽合影

1997 年在河南南陽授拳

2007 年在廣東揭陽授拳

作者簡介

崔廣博　1950 年出生於河南省博愛縣內都村。

河南省一級拳師，國家二級武術裁判，中國武術六段。河南省陳式太極拳協會理事，博愛縣太極拳研究會副會長，武術協會委員。

自幼隨祖父崔德中習陳式太極忽龍架，隨外祖父侯振田習王堡槍。1975 年，拜於陳式太極拳十一代傳人陳正雷門下，全面研習陳家溝拳械。長於陳式太極拳老架、新架、忽龍架、刀、槍、劍、棍、推手以及擒拿技擊術等。

1984 年，代表博愛縣參加焦作市首屆農運會，獲太極拳第一名，長器械（槍術）第一名，並獲精神文明運動員稱號。

1986 年始，先後發表了《太極拳散手步法》等十幾篇武術論文。

1995 年在溫縣太極少林武術學校任教。

1996 年始，在河南南陽、陝西西安、山東青島等地授拳，南京學生贈錦旗稱其「技精理明」；接待日本、美國、義大利、韓國和臺灣等地學習武術團體 16 批次。

1999 年始，在廣州市政府廣場、洲頭咀等處授拳至今。

2002 年始，應聘在廣州市農業管理幹部學院任體育選修課教師，專職教授太極拳兩年。

1996 年至 2004 年，陸續協助陳正雷老師完成《陳氏太極拳·械匯宗》《中國·陳家溝陳氏太極拳術》等五部武術專著。

習武經歷入錄《博愛縣誌》及《中國民間武術家名典》等多部辭書。

自　序

　　我出生在一個尚武家庭。

　　祖父崔德中（1898—1978）是陳式太極拳忽龍架傳人；外祖父侯振田（1887—1971）精王堡槍法。兩位祖輩一生嗜武，名聞鄉里。

　　受祖輩及家庭習武氛圍影響，我在 10 歲時隨祖父習忽龍架，並涉獵王堡槍。同堂習武的同輩人有弟廣益、廣相、廣利、廣群等。

　　20 世紀 70 年代，遵從祖父之命尋根問祖，幾經周折，1975 年始，拜在陳家溝陳氏十九世、太極拳十一代傳人陳正雷門下，全面學習陳家溝拳械。承蒙老師抬愛，1995 年至 1998 年在老師家中長住三年餘，得老師耳提面命，加之自己苦練勤悟，才對深奧的太極拳學稍有所悟。

　　自 1998 年始，一直在廣州等地從事太極拳傳播。2002 至 2003 年，應聘在廣州市農業管理幹部學院任體育選修課教師，專職教授太極拳。

　　教學期間自編的教材有組合纏絲勁、陳式二十八勢太極拳、太極跌法教程、健身推手法、女子自衛術等。每班學生的第一節體育課，我都以「大智慧的載

體」爲題演講，給學生詳細介紹太極拳。

如何修煉太極拳，陳家溝歷代先賢和當代拳術大師多有經典論述，既系統，又有廣度和深度，足以指導修煉始終。我所奉獻給讀者的主要內容有：將比較複雜的纏絲勁簡化、組合並揭示其運行規律；從攻防相互轉換的角度詮釋太極拳陰陽之理；專注於手腳開合，作爲加速功夫增長的切入點；還有發勁的三個階段修煉、接勁的系統修煉、內勁的明確定義和對冷招的認識等，這些只算是自己的習練感受，願與大家共勉。

本著「授人魚，不如授人以漁」的主導思想，書中關於太極拳修煉內容的選編，兼顧初學者，著重於習拳有年的修煉者。論述深入淺出，通俗易懂，摒棄一切故弄玄虛的神秘化舊習，用科學道理講解修煉，儘量給人以可操作的方法，使修煉深邃的太極拳學有徑可攀。不求全面，不求系統，以立論新穎、講述實用、與人不雷同是求，這就是本書內容的特點。

但願本書能對讀者有所裨益，哪怕是一丁點兒，我就深感欣慰了。

本書在編寫和出版過程中，得到人民體育出版社的大力支持，得到我正在美國講學的恩師陳正雷先生的熱情鼓勵，得到河南宜高、錢軍、張志房、李留成、崔大斌、程新菊、崔曉暉、于海蛟，廣州梁志森、馬建達、朱永峰、陳明耀、蘇錦輝、譚碧娟、張彩萍、梁麗梅等的協助，書稿由夫人劉桂芝校訂。值此書稿付印之際，對於所有支持和幫助的友人一併表

示感謝。

由於水準所限，書中不妥之處，敬請方家斧正。

崔廣博 2009 年仲春於寧靜居

大智慧的載體（代前言）

現實生活中，人們在進入社會以後，有的大顯身手、前途無量，有的四處碰壁、無所建樹，其中的差別就在於一種人生的大智慧。這種大智慧就是人作爲社會關係的總和生存並高品質地生活於世間的一種哲學。所以，能綜合體現這種大智慧的載體就尤顯重要。

但是，不少人認識不到這種大智慧的存在，而將自己的一切歸於命中註定，或者認爲自己不成功、不順是缺乏一些（知識或技能、人際關係、交際能力、組織協調）東西。事實上，最不成功、最低級的錯誤莫過於身體差的人，再美好的世界也與疾病纏身者無緣。

這裏，我向大家推薦一種這種大智慧的載體——太極拳。在中國武術中，最能體現中國人思維方式和行爲方式的恐怕非太極拳莫屬了。

20世紀60年代，偉人毛澤東就提倡人們打太極拳，70年代，鄧小平曾爲來華學習太極拳的日本友人題字「太極拳好」。這在中國武術衆多的流派拳種中是絕無僅有的。爲何太極拳能享此殊榮？這可能與它

飽含超常的智慧爲越來越多的人所認識分不開吧。

一、太極拳作爲一個完整的拳學體系，在中國眾多的武術流派中雖然形成較晚，但是其發展最爲迅速，至今不僅普及到中國社會各個階層，並被世界各國廣泛引進。河南溫縣的國際太極拳年會、河北永年的聯誼會從上世紀 90 年代初至今已連續舉辦多期。上世紀 60 年代末，美國的宇航員爲適應太空環境，曾將太極拳作爲其中的重要內容來訓練。對於武術理論的完善和研究，其他任何拳種都沒法和太極拳相比。目前研究和探討太極拳的著作占整個武術著作的近一半，其理論深度和廣度也是其他拳種所不能相比的。文化層次上的優勢，正是太極拳的活力所在。

二、太極拳與其他中國武術相比有很大區別。如對傳統「力」的概念和訓練手段；對於「體」和「用」的辯證解釋；對於技擊原則的重新定位等。這些和人們對武術的概念和傳統觀念有很大的不一致性，甚至從文字的表述上看是相反的。這些不一致和相反正是它超常智慧的體現。

三、太極拳中所蘊含的哲學思想非常豐富，令人眩目。如其陰陽共存一體、相互依存、相互轉化，就是用人體四肢軀體爲語言，講述著中國古人對於生命、對於世界各種運動乃至各種事物的獨特理解。

四、太極拳注重意念的訓練。用行功走架調動人的意念，透過肢體的各種運動，使人心志恬靜、身手協調、身體內部陰陽平衡和諧。這種平衡和諧是人類自身和人類社會健康發展的理想境界。

　　五、太極拳把養生即以武養身提高到與技擊並立或重於技擊的地位。古典拳論稱：「詳推用意終何在，益壽延年不老春。」這在當時和之後的相當長一段時間內是絕無僅有的。

　　總之，太極拳給人類提供的不僅是禦敵抗暴之術，更是修身養性之道。體悟系統的拳理，以拳做事，以拳做人，對於學會做人做事都有相當高的參考價值。至於它的螺旋纏絲的運動形式，鬆活彈抖的特別勁道，快慢相間的協調節奏，儒雅瀟灑的行拳風格，與方圓相生、轉關折疊、欲揚先抑、急緩相將、隨曲就伸、中正不倚的運動特點，無不給人以寶貴的啓迪和美的陶冶。

　　作為一名要不斷充實完善、提高自身各項素質的當代人，你不可漠視太極拳，接觸一下，瞭解一點，對你必定有益。

　　這些就是我和大家共同探討、學習和研究太極拳的目的所在。

目 錄

第一章 陳式太極拳纏絲勁

　　陳式太極拳中的纏絲勁是區別於其他拳種的獨特之處。對於纏絲勁，應先明其理，力爭精益求精。纏絲勁練習得好與否，關係到內勁品質的高低，關係到日後推手較技和散手較技中走、化、黏、發品質的高低。「太極拳纏絲法也，⋯⋯打太極拳須明纏絲勁⋯⋯不明此，即不明拳。」（陳鑫）

　　「纏絲勁，發源於腎，處處有之，無時不然。」練習時要求鬆肩沉肘，含胸塌腰，鬆胯屈膝，以腰為軸，節節貫穿，一動周身無有不動。掌心內外翻轉，以腰催肩，以肩催肘，以肘催手；同時梢節領，中節隨，根節催。表現在上肢為旋腕轉膀，表現在下肢為旋踝轉腿，表現在身軀為旋腰轉脊，三者合一，形成一條其根在腳、主宰於腰、形於手指的空間曲線。

第一節　順纏絲和逆纏絲勁

1. 左　手

動作一

開步成左弓步；左手掤至左膝上與肩平，右手叉腰，拇指在後，四指在前；重心在左腿，目視左手，即懶紮衣定勢。（圖1-1）

動作二

接上勢。鬆右胯，身體右轉，重心移至右腿；左手畫弧下沉，裏合於小腹前。為順纏絲勁。（圖1-2）

圖1-1　　　　　　　　圖1-2

動作三

身體繼續右轉，重心移至左腿；左手向右上穿掌外翻至右胸前。為逆纏絲勁。（圖 1-3）

動作四

接上勢。鬆左胯，身體左轉；左手逆纏弧形外開至左膝上，高與肩平；目視左手。（圖 1-4）

左手一合一開畫了一個圓，先是順纏絲勁又轉換成逆纏絲勁。

圖 1-3　　　　　　　　圖 1-4

2. 右 手

與左手四個動作相同，唯方向相反，不重述。（圖
1-5～圖 1-8）

圖 1-5

圖 1-6

圖 1-7

圖 1-8

　　右手一合一開畫了一個圓，先是順纏絲勁又轉換成逆纏絲勁。

　　這是陳式太極拳最基本的一對纏絲勁。練習時要細心體會重心的轉換、腰部的旋轉、手臂的空間位置和手掌的穿掤外展。掌握好動作節奏，放鬆、沉穩、圓活，不可一滑而過，漫無意識地畫空圈。以後的幾對纏絲勁都是同樣的要求，不重述。

第二節　組合纏絲勁

1. 雙雲手纏絲

　　由單鞭的定勢動作為起勢。（圖 1–9）

圖 1–9

動作一

身微左轉；右手變掌，順纏畫弧下沉於腹前，同時左手微逆纏上掤；目視左前方。（圖1-10）

動作二

接上勢。身體先左後右轉，重心由左腿移至右腿；同時，右手向左、向上變逆纏弧形向右掤，左手順纏畫弧裏合於左腿內側；目視右前方。（圖1-11）

動作三

接著，左手向右、向上翻掌變逆纏向左弧形掤出，右手順纏裏合下沉又成圖1-10的姿勢。

這樣循環練習，熟練之後應當結合併步、蓋步、插步、跳步等步法進行活步雲手練習。

圖1-10

2. 反雲手纏絲

由單鞭的定勢動作為起勢。（圖1-12）

圖1-11

圖1-12

動作一

身微左轉；右手變掌順纏，弧形向左前引領擺動，左手逆纏向下擺動，雙手形成合勁；目視右側前方。（圖1-13）

動作二

身微右轉，重心右移；同時，右手逆纏，弧形下按於右腿外側，左手隨轉身變順纏，弧形向右至面前，掌心向右上，雙手形成合勁；目視左側前方。（圖1-14）

接著身體左轉；左手變逆纏，下按於左腿外側，右手隨轉身變順纏，向左又成圖1-13的姿勢。

這樣循環練習，儘量使動作走圓。

圖1-13

3. 雙手開合纏絲

以懶紮衣右勢為起勢。（圖1–15）

圖1–14

圖1–15

動作一

身微左轉，重心左移；同時，左手逆纏走上弧，向上變順纏向右，右手順纏走下弧，至胸前與左手交叉相合，左上右下合好勁；目視雙手及右前方。（圖 1-16）

動作二

接上勢。身體先微左轉再右轉，重心右移；同時，雙手逆纏，左手弧形下按至左腿外側，右手弧形右掤至右側前方，雙手形成開勁。（圖 1-17）

接著雙手順纏，交叉相合於胸前又成圖 1-16 的姿勢。這樣循環練習，儘量走圓活。

圖 1-16

左勢與右勢動作相同，唯左右方向相反。（圖 1-18～圖 1-20）

圖 1-17

圖 1-18

圖 1-19

圖 1-20

4. 前擠後捋纏絲

向前方上左步，重心在右腿；雙手左順右逆纏絲，合住勁向右後捋帶；目視前方（圖 1-21）。此為起勢動作。

動作一

身體微左轉，重心移至左腿；同時，雙手變左逆右順纏絲，合住勁走下弧往前擠。（圖 1-22）

圖 1-21

圖 1-22

動作二

接上勢。雙手上掤翻轉成左順右逆合住勁。（圖1-23）

動作三

接上勢。鬆右胯、身體微右轉，重心由左腿移至右腿；同時，雙手左順右逆，隨轉身向右後合住勁挒帶；目視前方。（圖1-24）

這樣雙手剛好前後走了一個圓，又回復到圖1-21的姿勢。接著雙手前擠，再翻手往後挒。這樣循環練習，注意襠部重心轉換要走下弧。

圖1-23

圖1-24

　　如果往前方上右步，則重心在左腿，動作與左步在前相同，唯方向相反。（圖 1-25～圖 1-28）

圖 1-25

圖 1-26

圖 1-27

圖 1-28

5. 腿部纏絲

（1）順纏絲

以襠部為中心，右腿膝蓋由內往外轉為順纏絲。（圖1-29、圖1-30）

（2）逆纏絲

以襠部為中心，右腿膝蓋由外往內轉為逆纏絲。（圖1-31）

腿部纏絲規律，以虛實而言，由虛變實是順纏，反之為逆纏。以和上肢配合而言，同側的手順纏腿為逆纏，同側的手逆纏腿則為順纏。以兩腿而言，除了扣襠需要外，腿部運行的纏絲勁一般都為一順一逆。

和武術其他拳種一樣，太極拳的所有技術動作都是由人體的運動來完成的。人體特有的結構決定了人體自己獨特的運動規律。

圖 1-29

圖 1-30

圖 1-31

　　我們對太極拳纏絲勁進行技術分析，發現纏絲勁運行方法極其符合人體運動規律，是全身各個部位的協調動作。纏絲勁體現最明顯的部位是手部，其次是腿部，其他各個部位無處不纏，只是不顯露於外，或者不明顯而已。所以，當我們瞭解了身體各部位的纏絲勁方法以後，就應當把意識從關注全身各個部位逐漸轉移到以關注手、腿（腳）為主，以免把自然、順遂、協調的周身整體纏絲勁做得支離破碎而影響運動效果。

　　這種意識轉移順應了人體自身的運動規律和自然習慣，是太極拳修煉功夫精進的必然結果。

<table>
<tr><td>第
二
章</td><td>陳式二十八式太極拳</td></tr>
</table>

第一節　陳式二十八式太極拳簡介

陳式二十八勢太極拳，是以陳家溝傳統的老架和新架為基礎、擇其中 26 個拳勢組合而成的套路。這個套路各類技術動作涵蓋面較廣，重複動作少，發勁動作所占比例高，從運動量和學習完套路所需的時間考慮，適合現代生活節奏快而又熱愛太極拳的年輕人。

二十八勢太極拳練習時對身體各部位的要求和練法要求都有嚴格規定，分別簡述如下。

頭正直，不低頭，不仰臉，謂之「虛領頂勁」。二目注視主動手或平視向前兼顧左右。口微閉，齒輕叩，下頜微內收。

鬆肩，兩臂像掛在肩上一樣。沉肘，腋下留有餘地，謂之「肘不貼肋」。坐腕，手指後仰，呈瓦攏掌。握拳或鬆或緊，都有團聚之意。

含胸塌腰，切忌挺胸彎腰，注意腰的旋轉和折疊。

襠要圓虛，胯要鬆，所謂周身放鬆，即上在兩肩、下在兩胯的四塊放鬆。「縱之於膝」是對膝的要求，上提與胸合，下落或扣或撐。腳尖的上翹、下落、外撇、裏扣都要和腿的纏絲合拍，雙腳不可虛實不分。

練習時，始終保持「鬆靜」。呼吸宜用鼻腔，以自然呼吸為主。明顯的動作則是：起吸落呼，合吸開呼，發勁動作用短促的一呼一吸來完成。身體中正不偏，上身輕靈，下身穩固。運勁如抽絲，邁步如貓行，全神貫注，用意念指導動作。意欲向上，必先寓下；意欲向左，必先右去；前進之中，必有後撐；上下左右，相吸相繫；對拉拔長，曲中求直。上在兩手相繫，往復因有折迭而連綿不斷；下在兩足相隨，進退須有轉換才能活似車輪。由內向外時，以腰為軸，由腰而肩而肘而手，節節貫穿；由外而內時，手領、肘隨、腰襠催，這樣，以外領（引）內，以內催外，進而達到內外兼修。

第二節　陳式二十八式太極拳動作名稱

第三節　陳式二十八式太極拳動作圖解

第一式　起　勢

動作一

兩腳成立正姿勢，身法中正；兩臂下垂於身體兩側，手心向內；頭自然正，唇齒微合，舌頭輕抵上腭，二目平視。（圖2-1）

圖2-1

稍停，待神定氣寧之後，鬆右胯，重心右移，提左腳向左橫開半步，兩腳平行，略寬於肩，隨之左腳踏實，重心移於兩腿之間，頂勁上領，周身關節肌肉放鬆；呼吸自然，目視前方。（圖2-2）

動作二

屈膝鬆胯，身體下沉；兩臂微屈，手心向下，手背領勁，雙手提至高與肩平。（圖2-3）

身體繼續下沉，兩手隨之下按至腹前；身法中正，切勿彎腰凸臀，有如坐板凳的感覺，兩目平視。（圖2-4）

【要點】

1. 行拳之始，先洗心滌慮，去其妄念，平心靜氣，以靜待動，陰陽開合，寓於心腹之內。動作一為無極勢，這

圖2-2

圖2-3

種無極虛靈之勢，應保持 1～2 分鐘。待思想完全靜下來
後，再開始做下面的動作。

2. 靜極生動，靜至極時，兩手一提一按，周身虛實立
現，陰陽既分，太極之勢已成，此時開始行拳走架，感覺
最好。

第二式　金剛搗碓

動作一

接上勢。身體略左轉下沉，重心偏右；雙手左逆右順
纏絲向左上方掤出，略高於肩，右手心向上，手指向前，
左手心向前，手指向上。（圖 2-5）

圖 2-4　　　　　　　　圖 2-5

圖2-6

圖2-7

　　屈左膝，鬆右胯，身體向右轉，重心左移，右腳尖外擺；同時，雙手先以左順右逆纏絲加掤勁翻轉，再隨著轉體向右後方弧形上挒。（圖2-6）

動作二

　　重心右移，右腳踏實，身體微右轉下沉，隨即左腿屈膝提起；雙手隨著身體下沉向外上加掤勁。（圖2-7）

　　接著，左腳向左前方蹬出，腳跟裏側著地，腳尖上翹裏合鏟地有聲。（圖2-8）

　　鬆左胯，重心左移，身體略左轉，隨著重心的移動，左腳以腳跟為軸腳尖外擺踏實；同時，雙手向右後上方略一挒帶領勁，緊接著下沉，雙手左逆右順走下弧向前方，左手以掌外緣領勁掤出，右手合於身體右側；目視前方。（圖2-9）

圖 2-8

圖 2-9

動作三

　　左掌前撩，右掌向後彈
抖配合，帶動身體重心前
移，隨即左掌回收於胸前與
右前臂內側相合，掌心向
下，右掌向前上托領與左掌
相合，並帶動右腿弧形上步
於左腳右前方，腳尖點地，
右掌心向上，指尖向前；目
視前方。（圖 2-10）

圖 2-10

動作四

身體下沉;同時,右手變拳裏合上提,高與口平,左掌外旋下沉於腹前,右拳上提帶動右膝上提,右腳尖自然下垂;接著震腳落地,兩腳相距與肩同寬,重心偏左;同時,右拳向下落於左掌心內;目視前方。(圖 2-11、圖2-12)。

【要點】

1. 陳式太極拳每一動都有技擊含意,整套拳沒有空動作。化打寓於一圈之中,而圓上的每一個點都可以為圓之切點,可化可發,演化出多種招法。傳統的說法是,拳是一樣好的拳,能練(悟)出來東西才算。一般拆拳,只是其中的一部分技擊法演練,目的是提示、引導和啟發修煉

圖 2-11

圖 2-12

者能舉一反三，體悟拳術真諦。

2. 動作二的提腿上步與雙手合勁後將形成的開勁為本勢的關鍵動作。走架時應頂勁上領，氣勢磅礴。

3. 圖 2-8 向圖 2-9 過渡時，由將勁轉換成往前的擠勁，換勁的方法是：雙手向右後上方略一將帶領勁，同時身法稍一收緊下沉。從開合的角度講，此處手與腳為開之再開，手與身為手開身合，即開中有合，合中有開，寓開合於一體。從虛實角度講，此處為發勁之前的拿勁，即發放前對對方進一步控制，在上雙手欲前先後，在下雙腳虛實轉換。為攻防需要，這種周身協調動作所形成的上引下進，是體悟拳術真諦的關鍵之處。其他換勁動作的轉關折疊之處都是類似的方法，修煉者千萬不可不知。

4. 定勢時，右腳震腳落地不可努氣用力、使勁跺踏，尤其在水泥地之類堅硬之處練拳，更要掌握分寸，以免傷骨傷筋傷腦。右腿上提時要以膝上領，帶動小腿與腳，即拳論所謂「縱之於膝」。下落震腳時，周身放鬆下沉，身體重心始終穩定控制在左腳，無論震腳的力度輕與重，都不能影響重心的穩定性。猶如左腳踏在水池邊，用右腳去踏試水池裏的冰之薄厚一樣的感覺。

震腳的技擊作用是在與敵貼身之時跺踏敵腳面，起到下驚上取，使敵顧此失彼的效果。從重心分虛實為左實右虛，左實是為了自身的穩定性，同時避免對方被踏之腳疼痛抽回時拉動自己的重心而用右虛，從勁力分虛實為右實左虛，是增加打擊效果。

第三式 懶紮衣

動作一

接上勢。右拳變掌，雙手逆纏，左掌向左下按，右掌向右上弧形上掤；同時重心右移。接著重心再左移，提右腿向右側開步，腳跟裏側著地滑出，腳尖上翹；同時，雙手變順纏，左手由下經左向上，右手由上經右向下，雙手畫圈在胸前交叉相合；目視右側。（圖2-13、圖2-14）。

動作二

鬆左胯，身體微左轉，重心右移；同時，雙手隨轉體向左側引勁；接著鬆右胯，身體右轉；右手逆纏翻轉，向上、向右弧形掤出展開，順纏下沉；左手順纏，掌心向

圖2-13　　　　　　　圖2-14

上，下沉於左腹前；目視右手轉向前方。（圖 2-15）

【要點】

1. 動作一的雙手合勁和出右腳須同時完成，此為上合下開，上引下進之法。出腳時左腳穩定重心，身法放鬆下沉，右膝上提稍扣以護襠，出腳如履薄冰才能落地輕靈，可出可收，收放自如。

2. 動作二的雙手合住勁往左側引領時，要逆纏外翻加足掤勁。向右弧形掤出展開時，一方面要鬆胯換襠，以腰為軸，由腿而腰而手，節節貫穿，完整一氣，同時要右手領勁，右肘緊隨，腰、襠通過右肩催動。這樣以內促外，以外領內，才能達到內外兼修的效果。類似動作與此要求相同。

3. 定勢時右手與左腿（腳）的開勁至右上臂與右大腿

圖 2-15

上下在同一位置時，心氣下沉，兩肩、兩胯隨之放鬆下沉，節節貫穿至梢節時雙手皆變順纏，右手有微微上領放長之感，頂勁上領，目光轉注前方，顯現輕靈騰挪之勢。

4.定勢時檢驗下肢是否鬆得符合要求，應從雙腳踏地的感覺上去找。右腳的前、後和內、外側都有沉穩著地的感覺。如覺得重心偏前是膝蓋彎曲太過以致前栽，偏後是身體僵硬後仰，偏外側是腳尖內扣稍過，偏內側是腳尖外撇太過。總之整個腳底應穩定平踏，無絲毫偏沉的感覺。左腳最常犯的毛病是內側和外側張風（離地），解決的方法除了調整腳尖的內扣和外撇外，主要在屈膝和鬆胯上找感覺去調整。

第四式　六封四閉

動作一

接上勢。身體先右後左微轉；雙手先逆後順纏絲，在原地折腕旋轉畫一小圈。（圖 2-16）

接著鬆左胯，重心左移，身體略左轉；同時，左手小逆纏微下沉，右手順纏捋至腹前與左手相合；目視右側兼顧右下方。（圖 2-17）

動作二

身體微右轉，重心右移；同時，左手小順纏，右手逆纏轉臂，雙手合住勁隨移重心向右側上方擠出，左手心向內，右手心向外。（圖 2-18）

圖 2-16

圖 2-17

圖 2-18

然後身體微左轉，重心左移；同時，右手畫弧下沉順纏上托，左手逆纏，虎口掤圓，以腕關節領勁弧形向左上提，五指斜向下垂形成刁手，左手刁右手托，隨重心左移向左上捋；目視右側。（圖2-19）

動作三

身體繼續左轉，重心右移；同時，雙手逆纏翻掌合於兩耳旁。（圖2-20）

雙掌合住勁向右下方按出；身體隨下按之勢下沉，同時左腳向右弧形併步，腳尖點地；目視右下方。（圖2-21）

【要點】

1. 動作一的折腕動作是梢節解脫擒拿的練習方法。不

圖 2-19

僅手腕鬆活順遂，而且應周身一動全動。左腳蹬地，右腳用力下踏，微鬆右胯，丹田（小腹）順時針微旋，腰部左緊右鬆，內勁催動，通肩肘，達梢節。這種折腕動作應抽出來進行單勢練習，至有感而應、不假思索的程度，對於提高修煉者的擒拿技擊水準極有幫助。

2. 整個六封四閉動作中雙腳的重心，由右而左再至右，又由右至左再至右，這樣往返兩次四易重心，完全是根據技擊時對方的要勁而變化的。敵來我迎接，敵走我歡送，來迎去送，不丟不頂，粘連黏隨，腰胯旋轉，節節貫穿，各種招法勁別，隨勢而用，灑脫自然，毫不努勁勉強，充分體現了陳式太極拳的技擊風格。

3. 定勢雙手合勁下按時，身體應下沉，同時用右髖部位搠出，這是太極拳技擊法中為數不多的胯靠典範招法。

圖 2-20　　　　　　　圖 2-21

圖 2-22   圖 2-23

第五式　單　鞭

動作一

接上勢。身體先右再左微轉；同時，兩手順纏，左前右後旋轉，掌心向上，隨即右掌逆纏成勾手上掤，高與肩平，左掌微順纏下沉至腹前，掌心向上；目視右側。（圖2-22、圖 2-23）

動作二

重心移至右腿，左腳提起向左側滑出，腳跟裏側著地，腳尖上翹；目視左側。（圖2-24）

動作三

重心左移，身微左轉；同時，左手穿掌外翻逆纏，然

圖 2-24

圖 2-25

後左手逆纏轉臂外開弧形向左展開，並帶動右腳尖稍內
扣，雙手高與肩平；目光送左手到位後轉視正前方。（圖
2-25、圖2-26）。

圖 2-26

【要點】

1. 動作一的雙手左前右後順纏在身體右側旋轉時,要以腰為軸,用身體的轉動來帶動,在上頂勁領好,眼隨手轉;在下則右腳沉穩下踏,左腳尖點地,隨身而動,圓轉自如,輕靈自然。

2. 動作二的左腳向左開步和左手向左運行與懶紮衣為左右勢,在運行中,上引下進,進胯進肩進肘,依次而行,力根在右腳,蹬地、扣襠,以腰為軸,節節貫穿。

3. 定勢時雙肩、雙胯放鬆下沉,梢節則微微上領,用意念貫注,有放長的感覺。

4. 單鞭作為動作的轉換和控制節奏的式子,傳統的拳套中編排了七個,可見本式的分量之重。連同前四式,這五式為太極拳的母式。在我的練拳過程中,陳老師曾多次對這幾式反覆講解、示範和拆招,肩肘胯靠、擊打、摔

跌、擒拿，一次深一層，層層講解，層層體悟，各不相同。在後來的教拳中，我也對這幾式格外重視。這種教與學的方法，對於全套乃至整體太極拳水準的提高確實能收到事半功倍的效果。

第六式　雲　手

動作一

接上勢。身體微左轉，重心略向左移；右勾手變掌順纏，畫弧下沉至腹前；接著身向右轉，重心移至右腿；同時，右手變逆纏，畫弧外翻上掤至右前上方，左手順纏走下弧合於腹前；目視身體右前方。（圖2-27、圖2-28）

圖 2-27

圖 2-28

動作二

身體微右轉，重心左移；左手上穿，逆纏外翻上掤向左展開，右手順纏下沉至腹前；接著身向右轉，重心右移；同時，右手變逆纏，外翻上掤至右前上方，左手順纏走下弧合於腹前；目視身體右前方。（圖2–29、圖2–30）

動作三

身體先微右再左轉，重心左移，同時右腿提起向左腳後插步；左手逆纏外翻走上弧向左，右手順纏走下弧向左。（圖2–31）

接著重心至右腿，身體微右轉下沉，提左腳向左開步，腳跟裏側著地，腳尖上翹裏合；同時，右手先順後逆纏，向上翻轉走上弧向右，左手順纏走下弧向右；目視左

圖2–29

側。（圖 2–32）

圖 2–30

圖 2–31

圖 2–32

動作四

同動作三。（圖 2-33、圖 2-34）

【要點】

1. 此式為太極拳重要拳勢之一。家祖父崔德中先生曾多次提示，「雲手圈轉圓，一手管半邊，只要會進步，一輩子用不完」。走架時可連續插步，也可連續蓋步或併步，三種步法交替練習。無論使用何種步法，都要注意雙腳的虛實轉換和上（手）下（腳）的開合配合。某側的手為實（意念注重的成分多）時腳為虛，反之亦然。某側的手往裏合時腳則向外開，反之亦然。這樣才能上下相隨，周身協調，將兩手和兩腳的虛實開合統一於整個身法的虛實開合之中。

圖 2-33　　　　　　　　　圖 2-34

2. 除雙手合住加掤勁外，在左右立圓之中要具有裏外（前後）纏絲成分，以配合左右轉動的身法，這樣才符合以腰為軸、力由脊發（氣貼脊背）的要求。

3. 重心轉換和身法轉換時，要「欲左先右，欲上先下」，再配合靈活的眼法，才能顧盼自如，神氣鼓蕩，氣勢飽滿。

第七式　白鵝亮翅

動作一

身體微左轉，重心左移；同時，左手先逆後順纏，右手順纏，雙手左上右下相合；提右腿向右側前方開步；目視右前方。（圖2-35、圖2-36）

圖2-35　　　　　　　　　　圖2-36

動作二

重心移至右腿，身體略右轉；兩手雙逆纏分開，左手向左下方按，手心向下，右手向右上方掤出，手心向外，兩臂成半圓形；左腳收回到右腳內側偏後，腳尖點地；整個架式拉成後，雙手微順纏，整個身體放鬆下沉；目視前方。（圖2-37）

【要點】

1. 此式為手腳開合練習方法。手合腳開（即上合下開），手開腳合（上開下合），欲開先合，欲合先開，開中有合，合中有開。周身寓開合於一體，這樣才能上下相隨，不丟不頂，連綿不斷。

2. 定勢時在上兩手門戶大開，在下則兩腿虛實分明，頂勁領起，放鬆下沉，意念專注前方，才能有八面支撐、穩如山岳的氣勢。

第八式　斜　行

動作一

接上勢。身體略左轉；左手逆纏後擺，右手順纏向左前弧形擺動。（圖2-38）

接著身體略右轉，提起左腿；同時雙手左順右逆合住勁向右後方捋帶。（圖2-39）

緊接著身體下沉，左腳向左前方開步，腳跟著地，腳尖上翹裏合；雙手捋勁不丟；目視左前方。（圖2-40）

圖 2-37

圖 2-38

圖 2-39

圖 2-40

動作二

重心左移，鬆左胯，身體左轉；同時，左手逆纏隨身體左轉，走下弧至左膝下變勾手，弧形上提至高與肩平，右手環繞變逆纏合於右耳旁，隨著左手上提稍向前按；目視前方。（圖 2-41）

動作三

右掌往前推；然後鬆右胯，身體右轉；右手逆纏畫弧向右拉開，拉開後微順纏下沉；屈膝鬆胯，含胸塌腰，鬆肩沉肘，目視前方。（圖 2-42、圖 2-43）

圖 2-41

【要點】

1. 動作一的手腳開勁時，在上雙手合住勁外掤，在下左腳出腳輕靈，上下一致，協調自然。開勁至足，動作似停未停之際，雙手合勁繼續往後上引領，同時身法在收緊下沉。這種梢節（手腳）開、身法合的動作完成之後，再接著做左轉體的往前合勁動作。此處的轉關折疊體現了太極拳欲合先開、開合相寓的運動特點，正是技擊時上引下進、欲發先拿的關鍵之處。類似的動作存在於每一個換勁的轉關折疊處。

2. 動作三由於右手的前推外展使拳勢成為雙開勁，在內則以胸開催動來完成，體現太極拳以內催外、內外兼修的修煉特點。定勢時雙膝裏合，鬆胯塌腰，周身放鬆，螺旋下沉，鬆肩沉肘，坐腕舒指，頂勁上領，心氣下降，目光由注重右手轉向注視前方，使雙開勁轉換成雙合勁。

圖 2-42　　　　　　　　圖 2-43

第九式　獨立提收

動作一

接上勢。屈膝鬆胯，身體略左轉下沉；雙手先逆纏略上領，再雙順纏下合於左膝上方；目視前下方。（圖2-44）

動作二

身體略右轉，重心由左腿移至右腿，左腳回收；同時，雙肘略外開，雙手逆纏裏合；然後右腳微裏扣，隨之左腳提起成右獨立步；雙手隨著身體下沉以指端向下彈抖發力（下按亦可）；目視前下方。（圖2-45、圖2-46）

圖 2-44

圖 2-45　　　　　　　　　圖 2-46

【要點】

1. 動作一的雙手順纏合勁之前的雙手逆纏上領，體現太極拳「欲下先上」的運動規律，應以短促的吸氣來配合快速的上撩動作。

2. 動作二的雙肘外開、雙手由順纏變逆纏裏合時，稱之為合之再合。右腿獨立步穩定的關鍵是右腿要放鬆，稍屈膝下蹲，頂勁上領，不可低頭彎腰。

第十式　前蹚步

動作一

接上勢。鬆右胯，身體右轉下沉，左膝微向前繃；同時，雙手左順右逆纏絲，稍向身體右側後捋，與左膝形成開勁。接著身體左轉，左腿外擺弧形下落於左前方（約

45°），腳跟著地，腳尖上翹外擺；同時，雙手左逆右順下沉再上翻，轉臂向上畫弧下落合於胸前，左下右上兩腕交叉相合；目視前方。（圖2-47、圖2-48）

動作二

左腳尖外擺，身體左轉，重心移至左腳，提起右腳向右前方上步；接著雙手合住勁向左側引勁；同時重心由左腿移至右腿，身體先微左轉再微右轉；隨著身體右轉雙手逆纏上掤再左右分開，掌心向外，指尖向上，雙手開至高與肩平時順纏微下沉；目視前方。（圖2-49～圖2-51）。

【要點】

1. 動作二的提右腿上步，要以手腕的上領勁帶動，配合身法，以內催外，一動周身全動，這樣才能做到節節貫

圖2-47　　　　　　　圖2-48

圖 2-49

圖 2-50

圖 2-51

穿，內勁連綿不斷。

2. 雙手分開前的上引下進動作，應胯、肩、肘依次而進。定勢時由雙肩、肘的放鬆下沉，使全身放鬆，心氣下降，肩與胯合，肘與膝合，手與腳合，襠勁合好，頂勁領起。

第十一式　掩手捶

動作一

接上勢的雙手向下鬆沉勁，雙手逆纏向內合於身前。然後身體微右轉，用腰帶動雙手向左右兩側分開，此時右手已鬆握拳；目視前方，兼顧左右。（圖 2-52、圖 2-53）

圖 2-52　　　　　　　　圖 2-53

動作二

鬆右胯，身體微右轉，接著重心左移，右腿由膝部領勁，腳尖微下垂，身體隨著提右腿向右轉 90°；同時，兩手在左右兩側微逆纏，向上再弧形向下相合於胸前，右拳以拳背腕部與左掌相合；目視前方（圖 2–54）。

動作三

右腳落地震腳有聲，左腳隨即提起，身體略右轉下沉，左腳向左側蹬出，腳跟裏側著地，接著身體略左轉再右轉，重心左移；雙手逆纏向左右弧形分開；接著鬆右胯，身體右轉，重心由左腿移至右腿；同時，右拳順纏，向上合於腰間，拳心向上，左掌由逆纏變立掌合於胸前；目視前方。（圖 2–55～圖 2–57）

圖 2-54

圖 2-55

圖 2-56　　　　　　　　　　圖 2-57

動作四

　　右腳蹬地，右膝裏合，鬆左胯，身體略左轉，重心速向左移；同時，右拳逆纏前沖發勁，左手虛握拳，以肘部向後放勁，發勁時蹬腿擰腰扣襠；目視前方。（圖 2-58）

　　【要點】

　　1. 此式為整套拳重要拳式之一，是傳統陳家溝拳術中練習發勁的代表動作，應抽出進行單勢練習，直至找到彈抖出勁的感覺才算基本合格。

　　2. 發好勁的前提是蓄勁。收右拳時，周身放鬆，右轉下沉，將右臂自然鬆沉於身體右側。注意不可使右臂肘彎小於 90°，將右拳置於最佳出拳位置，頂勁領起，全神貫注，蓄而待發。

圖 2-58

圖 2-59

3. 發勁時右腳蹬地，右膝裏合，左腳下踏，擰腰扣襠，使勁起於腳，行於腿，主宰於腰，順肩抖腕而達於手，方能快速有力，具有穿透力。前拳後肘，穩定平衡，氣如車輪，腰如車軸，全憑腰襠之力。

4. 發勁時擰腰扣襠，不扣則散；運勁時活腰鬆襠，不鬆則滯；蓄勁時塌腰合襠，不合則浮。

第十二式　撇身捶

動作一

接上勢。左手變拳，雙拳左逆右順在身體左側外開發勁；同時身體左轉，螺旋下沉，右腳向外開成大步，開大步時右腿微逆纏；目視右側。（圖 2-59）

圖2-60

動作二

鬆右胯，身體右轉，重心右移；同時，右拳轉臂逆纏走下弧向右，左手順纏隨轉身向右；目視左側。（圖2- 60）

動作三

身體左轉，重心左移；同時，左手逆纏走下弧向左，右手順纏隨著轉身向左上；接著重心右移，身體右轉，左腳尖稍裏扣；左拳逆纏頂在左腰際，右拳逆纏外翻向上至右太陽穴，左肘尖往前合；目光通過左肘尖視左腳尖。（圖2-61、圖2-62）

圖 2-61

圖 2-62

【要點】

1. 動作一的右腳向外開步之前，可適當收小半步以加強蓄勁。右腳外開發勁時，著重開勁的練習，腳自然離地。常見不少人練這一類動作時，給人一種故意跳高的感覺，這是對拳術本意的誤解。

2. 此式動作大開大合，應以腕關節旋轉的小圈領勁，大圈套小圈，小圈領大圈，體現了陳式太極拳旋腕轉肩、旋踝轉膝、旋襠轉腰，周身無處不旋轉的運動特點。

第十三式　雙推手

動作一

接上勢。雙手變掌，左掌微順纏，向右上與右掌合住勁；接著重心左移，身體左轉；同時，雙手左逆右順，合

住勁走下弧向左捋帶;當捋至中線時,重心完全移至左腿,提右腳向右前方上步,腳尖點地;目視右前方(圖2-63～圖2-65)

圖 2-63

圖 2-64

圖 2-65

動作二

身體繼續左轉，重心走下弧右移；同時，雙手隨著轉身逆纏合於左耳下；接著重心完全移至右腳，身體右轉，左腳弧形向右腳靠近，相距 20～30 公分，以腳尖點地；雙手隨著轉身微順纏，合力向右前方推出，肩肘向下鬆沉；目視右前方。（圖 2-66、圖 2-67）

【要點】

此式的開合轉換與六封四閉類似，為手引身步進的動作。但六封四閉是以換重心為進，本式則是右步稍進，當按至終點時，較六封四閉稍快，勁別稍剛，方向則是以背部後撐之反作用力而雙手水準按出，雙手合而身手開，開中有合，氣貼脊背。

圖 2-66

圖 2-67

第十四式　三換掌

動作一

接上勢。鬆右胯，身體稍右轉，並帶動雙手順纏成掌心向上，左掌向前伸出，右掌向內回收。（圖2-68）

接著身體左轉；右掌逆纏變橫掌經左手上前推，左掌五指微屈順纏，由前方收回至腹前；目視前方。（圖2-69）

動作二

緊接上動。身體突然右轉；左掌逆纏向上翻轉，隨著轉身經右手上向前上方推掌發勁，掌心向前，指尖向上，右掌順纏合於左前臂下，頂勁領起；目視前方。（圖2-70）

圖2-68　　　　　　　　　圖2-69

【要點】

身體右轉出左掌，左轉出右掌，兩掌在腰襠帶動下，交替出擊，以身催手，圓活自然。左腳以腳尖點地，隨著腰襠的旋轉而自然轉動。右腳沉穩平踏，以身催手，以手領身，內催外領，全身一動無有不動。最後的右掌發勁要體現出胸腰折疊和力由脊發，不可雙手空比畫。

第十五式　倒捲肱(五步)

動作一

接上勢。身體略右轉，屈膝鬆胯微下沉，左腳以腳尖著地向左後弧形倒一大步，重心仍控制在右腿；同時，左掌順纏翻轉成手心向上，右臂逆纏下沉後捋，再轉臂向上、向前成手心向前，拇指向下，橫掌與左手相合。（圖2-71）

圖 2-70

圖 2-71

圖 2-72

　　重心左移，身體微左轉；左手逆纏下沉後将至左胯
旁，右手順纏，鬆肩向前推出至指尖向上；目視右手及前
方。（圖 2-72）

動作二

　　身體略右轉，左腳以腳跟為軸腳尖內扣，左膝向裏
合，鬆左胯，重心左移，提右腳弧形收回到左腳內側，再
向右後弧形倒一大步，重心右移；同時，雙手左逆右順翻
轉，左手翻至左耳旁，隨著轉身倒步，雙掌在身前左上右
下交叉相合，並隨著重心右移，右手逆纏走下弧後将，左
手順纏向前推逐漸成立掌；目視左手及前方。（圖 2-73～
圖 2-75）

圖 2-73

圖 2-74

圖 2-75

動作三

重心右移，弧形向左後倒左步；同時，雙手翻轉交叉，再右手前推左手後捋。（圖2-76、圖2-77）

動作四

文、圖同動作二。

動作五

文、圖同動作三。

【要點】

1. 本式的開合轉換是在連續後退中完成的。換步時要鬆胯轉腰，後捋之手外開上翻完成勁的轉換，有了這種轉

圖2-76　　　　　　　　圖2-77

換才能退中有進，退亦是進，進退自如。

2. 後退時兩臂在身體的前方和後方，前推後将，有化有打，必須以腰為軸，以身催手，這樣才能圓轉靈活，順遂自然。

3. 本式是拳套中唯一連續後退的動作，練習背部後撐勁和骨節依次節節貫穿，應抽出單勢專門練習。

第十六式　退步壓肘

動作一

接上勢。左手順纏上托，右手微逆纏，雙手合住勁往右上方掤；然後鬆左胯、身體微左轉，重心左移；同時，雙手下沉，左逆右順纏絲弧形向左将帶；目視雙手。（圖2-78、圖2-79）

圖 2-78　　　　　　　　圖 2-79

圖 2-80

動作二

重心右移，身體微右轉；雙手下沉翻轉成左順右逆纏絲向右側弧形捋帶。（圖 2-80）

接著身體略左轉；雙手順纏分開，左手屈臂下沉收於左肋旁，右手向右側展開；目視右側及前方。（圖 2-81、圖 2-81 附圖）

動作三

鬆右胯，身體突然右轉；左手折腕，以手背貼於左小腹處，以肘尖向前下方發勁，右手逆纏，以掌心相迎拍擊左肘；雙膝裏合，突然跳步震腳，和拍肘同音，拍肘時注意頂勁上領，不可過於低頭；目視前下方。（圖 2-82）

圖 2-81

圖 2-81 附圖

圖 2-82

動作四

重心左移，身體略左轉，右腳弧形向前再收至左腳內側前方，以腳尖點地；左手隨著身體左轉屈指置於右肘下，右手順纏向前，以肘部與左手相合。（圖2-83）

身體右轉，重心控制在左腳，右腳向右後方以腳掌著地退步，到盡頭時腳後跟頓地有聲；左手微逆纏成立掌，向前推掌發勁，右手五指微屈內扣輕撫腹部，右臂隨著轉身向右後發肘勁，頂勁領起，身法中正；目視前方，耳聽身後。（圖2-84）

【要點】

1. 動作一和動作二的雙手合勁左右捋帶，要做得輕鬆靈活，自然順遂，體現出腰如軸，氣如輪，含有上下相隨和周身一家的飽滿氣勢。

圖2-83

圖2-84

2.跳步拍肘震腳發勁時要以腰催動,快速有力,頂勁上領,身法中正,音脆勁整。

3.動作四發肘勁時,雖然目視前方,還須耳聽身後,肘彎應小於 90°,貼身以衝勁向後發放,體現拳論「肘在屈使要衝」的要求。

第十七式　白蛇吐信

動作一

接上勢。身體略右轉,重心移至右腳;同時,雙手左順右逆纏絲,向右下合住勁捋帶;接著提左腳向左前方上一大步,腳跟著地,腳尖上翹,重心前移;同時,左手逆纏向前上方掤起,右手順纏翻轉置於右腰間;目視前方。(圖 2-85、圖 2-86)

圖 2-85　　　　　　圖 2-86

動作二

鬆左胯，身體突然左轉，蹬右腿扣襠，腰向左擰轉，左腳用力下踏；同時，左手微逆纏向左下捋帶，右手微順纏，隨著轉身直腕展指向前上方插擊發勁；目視前方，耳聽身後。（圖 2-87）

【要點】

動作二是一種開（叫）門手法，出左步要輕，左手上掤一是護面，二要直指對方面部。若對方出手掩面，我則外撥或向下壓，同時出右手插擊彼面部要害。若對方不及時防護，我則直奔彼要害部位。若對方後退或後仰，我左腳進右腳跟，貼近對方便於施招。只有左腳上到位，對方才有「退之愈促」之感。

圖 2-87

第十八式　閃通臂

動作一

鬆左胯，左膝裏合，左腳尖儘量內扣，身體放鬆下沉；同時，雙手左順右逆轉臂合住勁，向右側上方掤住並略向右轉身；目視右側上方，耳聽身後。（圖2-88）

動作二

以左腳跟為軸身體快速向右後轉，右腳以腳掌著地隨轉體向後掃約150°，腳跟震地有聲；同時，左掌由左繞上走弧形向前下劈掌，右掌逆纏弧形下按至右胯旁；目視左掌及前方。（圖2-89）

圖2-88　　　　　　　　　圖2-89

【要點】

右腳後掃轉身時，身體不可上仰，要頂勁領起，尾閭
正中，氣沉丹田，開胯圓襠。轉身後左掌前下劈，右掌後
下按，右腳蹬地震腳有聲，周身協調一致，勢威力猛，有
沉穩入地、不可搖撼的氣勢。

第十九式　左靠蹬跟

動作一

鬆右胯，身體略右轉，重心移至右腿；同時，雙手順
纏，左手轉臂走下弧至身體前下方，右手走上弧置於身左
方，雙手左下右上合住勁，目視左側。（圖 2-90）

圖 2-90

動作二

蹬右腿，右膝裏合逆纏扣襠，身體略左轉，重心左移，左腳用力下踏；同時，左手順纏轉臂，向左側偏後展開發左背折靠，右手逆纏，向右側偏下展開，掌心向下；目視左側，耳聽身後。（圖 2-91）

動作三

重心右移，身體略右轉並提起左腿；左手逆纏收回，雙手變拳，在身體前下方左內右外相合，雙拳心向內；身體略下蹲，左腿略一收，然後向左側蹬出；同時，雙手以小指側向左右側發勁；目視左側。（圖 2-92～圖 2-94）

【要點】

1. 雙手環抱合勁時，要注意雙肘稍外張不可過分貼

圖 2-91

圖 2-92

圖 2-93

圖 2-93 附圖

圖 2-94

肋。發左靠時,一定要眼神到,才能意到勁到,不可低頭
分神,故作灑脫姿態。此處也可不發靠勁,作為蹬腿蓄勁
的過渡動作。

2. 提左腿時應以膝領勁，略裏合護襠，周身放鬆下沉。蹬腳時雙目注視，以腳跟著力，蹬腳時應儘量高於腰部，以便借助於右腿與地面的反作用力。

3. 蹬腳力點在腳後跟，擦腳力點在腳面（尖），旋風腳（即裏合腳）力點在腳裏側，擺腳（即外擺腳）力點在腳外側，這幾種基本方法不可混淆。

第二十式　前蹚步

動作一

上勢蹬出後左腿迅速收回，然後腳尖外擺轉體，向左前方約 45°上步，腳跟著地；同時，雙手變掌，向右側下方捋，隨著轉體出左步雙手順纏轉臂，向上、再向前左下右上交叉相合；目視左前方。（圖 2-95、圖 2-96）

圖 2-95　　　　　　　　圖 2-96

動作二

重心前移，右腳向右側前方上步（約45°）。（圖2-97）

動作三

身體左轉，重心右移；雙手上掤，隨著身體微右轉向兩側展開。（圖2-98）

【要點】

蹬腳發勁後雙手和左腿迅速回來，左膝上提，同時右腿稍屈膝使身體下沉。這樣才能做到重心穩定，身法中正，從容地連接本式的獨立右抨動作。

圖 2-97

圖 2-98

第二十一式　擊地捶

動作一

身體微左轉再右轉；雙手左逆右順再轉左順右逆，合住勁往右将。（圖 2-99）

重心左移，身體下沉右轉；同時，雙手左順右逆合住勁繼續右将，右腳尖翹起；目視左側。（圖 2-100）

圖 2-99

圖 2-100

動作二

右腳外擺，重心右移踏實，身體右轉 90°，緊接著提左腿向左前方上步，腳跟著地；同時，雙手左順右逆隨轉體上步捋勁不丟；目視左側。（圖 2-101）

動作三

雙手往右側加掤勁；同時鬆右胯，身體微右轉，重心由右向左移，襠走下弧，左腳踏實，身體略右轉下沉；左手先順後逆，經面前弧形向左側下方，右手變拳逆纏，屈臂向上置於右耳下；目視左側下方。（圖 2-102、圖 2-103）

圖 2-101　　　　　　　　圖 2-102

動作四

鬆左胯，身體左轉下沉；同時，左手變拳逆纏，屈臂提至左側上方，右拳逆纏，向前下方擊出；右腿逆纏，身體下蹲，頂勁上領，不可彎腰突臀；目視前下方，耳聽身後。（圖2-104）

【要點】

1. 此式其他太極門稱之為「栽捶」，是太極五捶之一。其他四捶是掩手捶、撇身捶、肘底捶和指襠捶。向下擊時身法可高可低，但須有右拳入地的意念貫注其中。

2. 在俯伏的身法中，更要注意頂勁不丟。如拳論所說「尾閭正中神貫頂」，身法尾閭的正中是此式整個脊骨節節貫穿且富於彈性的關鍵。

圖2-103

圖2-104

第二十二式　二起腳

動作一

接上勢。重心右移，身體右轉；雙手順纏，左拳轉臂向左側下方，右拳上提屈肘向右上方加掤勁；接著扣左腳尖，重心左移，身體右轉約 90°；同時，左拳屈肘向上置於左耳旁，右拳隨轉體順纏，轉臂向右下方鬆沉；目視前方。（圖 2-105、圖 2-106）

動作二

鬆右胯，身體微右轉，重心前移至右腳；同時，雙拳變掌，左掌略逆纏向前，右掌逆纏，轉臂置於右耳側；接著提左腳向前上踢，在左腳尚未落地之際，右腳蹬地躍

圖 2-105

圖 2-106

起，向前上方繃平腳面踢起；右掌速向前下迎擊右腳面，左掌繞下向後上撩起，高過頭頂，以助拍腳之勢；目視前方。（圖2-107～圖2-109）

圖2-107

圖2-108

圖2-109

【要點】

1. 拍腳前要身法中正，頂勁上領，無歪斜俯仰之病，身體屈腿下蹲，以助起跳之勢。

2. 二起拍腳時，右腳繃直，拍擊準確，快速有力，須在左腳未落地之前騰空完成。起跳後切勿後仰，要求胸膝相合，左手在後上撩與右手形成合力，以助拍腳之勢。

第二十三式　海底翻花

動作一

接上勢。左腳落地，右腳拍擊後懸於身前（也可腳落地）；接著雙手變拳，左拳順纏下沉於身左側，右拳逆纏，屈臂以肘領勁向右上方加掤勁，雙手合住勁向右上方；身體略右轉；目視右側上方，耳聽身後。（圖2-110、圖2-111）

動作二

右拳順纏向右側下方，拳心向上，以拳背發勁，左拳順纏，轉臂屈肘向上，拳心向內，以拳頂發勁；同時以左腳跟為軸，隨著雙拳發勁向右轉體約90°；目視前方。（圖2-112）

【要點】

此勢為獨立轉身法，要求周身放鬆，中正不偏，動作快速且富於彈性。發勁時應特別注意：左手順纏向後，至身體左側時再屈臂上舉，有用拳心敲擊自己頭部左側的感

覺。右手以拳背為點敲擊身體右側下方，同時用呼氣出聲
配合發勁。

圖 2-110

圖 2-111

圖 2-112

第二十四式　護心肘

動作一

接上勢。右腳震腳落地，屈膝鬆胯，身體下沉，隨即左腳提起向左前方上步，腳跟著地，腳尖上翹，身體微右轉；左拳隨轉體微順纏，向前下方鬆沉，右拳逆纏，隨轉體微逆纏轉臂鬆沉；

接著鬆左胯，身體突然左轉，右腿重心左移；同時，左拳逆纏，以前臂向前上左發勁，右拳微順纏，以腕部內側向前上偏左發勁，雙手發勁要與腰襠協調；目視前方偏左。（圖 2–113、圖 2–114）

圖 2–113　　　　　　圖 2–114

動作二

　　鬆右胯，身體略右轉，重心右移；同時，右拳微逆纏，屈肘上提至右胸前，左拳微逆纏向左前方；然後身略左轉，重心向左移少許；雙拳順纏，左拳屈肘收回，右拳轉臂，以前臂向前掤出，雙手形成合勁；目視前方。（圖2-115、圖2-116）

【要點】

　　1. 動作一發勁的兩個力點即左前臂和右腕部的空中移動距離都不大，完全是靠腰襠的旋轉和抖勁，使身體產生位移而完成發勁的。它是與對方黏貼在一起時，以接觸點發放的方法，所謂「挨著何處何處擊，周身無處不是拳」。這種發放法也叫擁身發放（勁）。當自己的發勁受

圖 2-115

圖 2-116

阻而被「悶」住時，與對方的接觸點掤勁不丟，由蹬腿、
扣襠、胸腰折疊或旋轉而產生的內勁在接觸點產生猝然而
發的彈抖，進而達到發放的效果。可抽出進行單式空練和
負重練習，提高擁身發勁水準。

2.動作二是解脫擒拿的方法，鬆胯轉腰、胸腰折疊、
旋腰轉臂、走化完全靠的是身法，利用向心力反擒拿，給
人「其小無內」之感。要求氣貼脊背，節節貫穿，一動全
動，周身一家。本式側重於裏外纏絲勁的練習。

第二十五式　雙擺蓮

動作一

接上勢。雙拳左順右逆變掌，走上弧向右後捋帶；同
時，鬆右胯，身體右轉，重心左移；目視前方。（圖
2-117）

動作二

雙手繼續右捋，重心移至左腳，提起右腿向前上、再
向右後弧形擺動；雙手合住勁迎擊右腳面外側，先左後右
拍擊兩響；目視前方，耳聽身後。（圖2-118、圖2-119）

【要點】
1.雙手合住勁向後引帶時，頂勁上領，身法中正。拍
腳時力點在腳外側，應快速有力，啪啪兩響，乾淨俐索。
2.本式不僅可以用腳外側擺擊對方頭部，還可以用右
腿掃擊對方膕窩（膝蓋後方位置），配合雙手的前按形成

合勁而摔倒對方。

圖2-117

圖2-118

圖2-119

圖 2-120　　　　　　　　圖 2-121

第二十六式　當頭炮

動作一

接上勢。拍腳後身體略左轉，右腳落至右後方，重心仍控制在左腿；同時雙手略左逆右順往前加掤勁。接著重心右移，身體右轉；雙手左順右逆變拳後捋至右胸前；目視前方。（圖 2-120、圖 2-121）

動作二

蹬右腳，右腿逆纏，合右膝，扣襠擰腰，鬆左胯，身體突然左轉折疊，重心移至左腿；左前臂微屈略逆纏，右拳略順纏，雙拳合住勁，將蹬腿、扣襠、擰腰折疊的周身之力猝然抖出；目視前方，全神貫注。（圖 2-122）

圖 2-122

【要點】

1. 此勢發勁的關鍵在兩腳，「力從足上起，足起猶火作」（《用武要言》）。發勁時猛蹬右腳，同時左腳用力下踏，身微左轉，胸腰折疊，意到勁到，力達雙拳。左腳在前，腳尖微內扣，不扣則所發之勁無定向；右腳在後，腳尖也微內扣，不扣則所發之勁無穿透力。

2. 發勁之後，隨即鬆開，用腰襠勁催動梢節完成與下面動作的連接。這種接勁方法，貫穿於所有的發勁之後，修煉者千萬不可比畫空動作，使拳架出現斷勁、丟勁等毛病。

第二十七式　金剛搗碓

動作一

接上勢。雙拳變掌，左順右逆向右後走上弧捋帶；同

時重心右移，身體略右轉，接著重心左移，身略左轉；雙手下沉，左逆右順走下弧，隨移重心向前擠出；目視前方。（圖2-123～圖2-125）

動作二

重心移至左腿，右腿向前上至右前方；雙手在身前相合；接著提右腿；右拳上舉、下落，震右腳；目視前方。（圖2-126～圖2-128）

【要點】

上式發勁後隨即鬆開，以襠腰勁催動梢節由拳變掌，完成換勁動作，接著再雙手合住勁左順右逆纏絲往後上捋帶。

圖 2-123

圖 2-124

圖 2-125

圖 2-126

圖 2-127

圖 2-128

第二十八式 收 勢

動作一

右拳變掌，雙手向左右分開，微逆纏走外弧，向上合於頭頂前上方；隨著雙手外開，重心移至雙腳中間，身法中正，頂勁上領，鬆胯屈膝，如坐高凳的感覺；目視前方，亦可雙目微斂，注重呼吸與意念的運行。（圖2-129～圖2-131）

動作二

身體在動作一稍微停頓後開始下蹲，鬆胯屈膝，緩緩下沉；同時，雙手隨著身體下蹲向下按分開，在身體兩側繼續下按。（圖2-132）

圖 2-129

圖 2-130

動作三

身體緩緩起立，稍事停頓後收回右腳併步站立。（圖
2-133、圖2-134）

圖2-131

圖2-132

圖2-133

圖2-134

【要點】

整套拳練完一般用四分鐘左右。過快或過慢，易犯「浮」、「亂」和「散」、「呆」等毛病。練完後如果呼吸自然，流汗而不氣喘，說明運動量適中。

第三章　陳式太極拳修煉五要論

第一節　陰　陽

　　每論太極，必說陰陽。太極拳是以陰陽學說為靈魂的拳種，正如陳鑫所說：「太極不過陰陽之渾論耳。」所以練習太極拳必須懂得拳中陰陽之理。

　　陰陽學說是我國古代哲學思想的精髓，它滲透於太極拳的每一個環節之中。但是所謂陰陽，形式上比較抽象，理論上非常玄奧，範圍的畫分和把握又漫無邊際，外延極廣，所以操作起來相當困難，成為自己說不清、別人聽不明的問題。

　　「陰陽之間既相互對立，又相互統一，相互依存，相互制約，消長與共，陰陽互根。」（陳正雷《拳械匯宗》）所謂太極拳中的陰陽即是拳中的動靜、虛實、快慢、剛柔、抑揚、急緩、黏走、屈伸、往來、進退、開合、收放、弛張等矛盾關係。矛盾的雙方既對立又統一，雖依存卻制

約，同存一體，依據攻防需要而又相互轉化。其中動靜、虛實、快慢是我們提及最多的矛盾關係。

一、動　靜

「動則生陽靜生陰」「一動一靜，一開一合，足盡拳中之妙」。

太極拳的動是整體運動，並非一拳即是一拳，一腳即為一腳，必須全身都有動。上欲動而下自隨之，下欲動而上自領之，上下動而中部應之，中部動而上下和之，只有這樣才能做到周身相隨，如有一處不動，身便散亂。這種動即在意和氣統領之下，內勁由身手表現出來的高度協調，一動無有不動。

太極拳的靜並非單指動作上的靜止，而是指思想的沉著、冷靜。所謂雖靜猶動，就是指身手靜止，而精神意識更加高度集中，「內固精神，外示安逸」。這種靜的作用有二：一是務令全身各部位合乎規矩。二是假想面前有強敵，我保持鎮靜，周身放鬆，身體各部位欲動未動，含騰挪之勢，雖靜猶動，一觸即發。

太極拳以靜禦動的戰略，常被人理解成為不能先出手，「彼不動，己不動」，只有在敵方出手後我才還擊。但這樣往往被動挨打，這是對「以靜禦動」的片面理解。這裏的靜不是單指動作，而是指思想意識的冷靜、鎮靜。拳論云：「遇敵膽戰心寒者，必不能勝。」只要沉著冷靜，若敵來自能應之，若敵不動，我則主動出手，或誘敵出手，或攻其不備。

二、虛　實

太極拳未動之時，陰陽未分，虛實未現。一動陰陽即分，虛實立現。

前賢有言：「練拳不諳虛實理，枉費功夫終無成。」究竟什麼是太極拳的虛實，必須從不同的角度去理解，才能有比較清晰的認識。以身體重心而言，重心偏於何方，何方即為實，另方則為虛；以勁力而言，身手運動的方向為實，其餘為虛；從戰術角度而言，擊敵為實，誘敵為虛。其他發勁為實，化勁為虛，剛為實柔為虛等不一而足，總是虛中有實，實中有虛，虛實互換，不可截然割裂開來。

虛實的轉換，意念起著決定的作用，所謂「變換虛實須留意也」。所以行功走架不僅身法須中正不偏，意念上也須中正不偏。身法中正能八面支撐，八面轉換。意念上中正不偏就是主觀上既不偏虛，也不偏實，時時處處處於虛實可以互換的最佳境界。

虛實的轉換在太極拳較技中起著至關重要的作用，「上下相隨人難侵」，就是在較技時貫徹虛實原則所達到的高級境界。就身體的部位而言，貫徹虛實的原則是「左重則左虛右已去」。與人一接手，虛實立現。如果感覺左手沉重，隨即變虛，右手同時攻擊對方，否則犯頂，這是兩手貫徹虛實原則的體現。

從勁路上講，貫徹虛實的原則表現在「黏」和「走」，「黏即是走，走即是黏，黏走相生」。黏是貼緊對方，控制對方勁路，為實；走是走化，化掉對方來勁，

為虛。在較技（散手、推手）中，對方來勁我走化以虛應之，但是不能一味走化，稍微讓過對方力點，隨即由走轉為黏逼，控制住對方勁路，這又是一次虛實轉換即由虛而實。這種黏走相生就是虛實互換的過程，這種過程是虛實高度統一的體現。只有虛實互換得靈，才能克服較技中的「雙重」之病。

修煉太極拳須從陰陽虛實入手，才能漸悟懂勁、階及神明。如拳論所說：「欲避此病，須知陰陽，黏即是走，走即是黏，陰不離陽，陽不離陰。陰陽相濟方為懂勁。」

三、快　慢

快慢相間，這是陳式太極拳的一個顯著特點。

由慢到快，由快到慢，這是習練太極拳的程式。由於太極拳動作難度較高，故練拳初期，為了求得動作的正確性，必須採取慢練方式。只有慢練才能不斷發現錯誤，修正錯誤，形成正確的動作習慣，否則，以後糾正錯誤更費時日。拳諺「學拳容易改拳難」不無道理。以後隨著熟練程度的提高，逐漸加快速度。功夫精進以後，拳勢由開展漸臻緊湊，速度又逐漸變慢。快慢的具體要求：快不可散亂，慢不可癡呆。

為了能在較技應用時「急應緩隨」，太極拳在行功走架時又要求快慢相間。轉關折疊處宜慢，過了轉關折疊處要逐漸加快，過了力點再轉慢，慢能慢到十分，快能快到十分。這樣的快慢相間運動，使太極拳如長江大河滔滔不絕，氣勢磅礴，運用時方能達到「急應緩隨」的高級境界。

　　看起來慢悠悠的太極拳，為什麼能產生疾如閃電的效果，這恐怕是包括不少練太極拳多年的人也想不通的道理，甚至持懷疑態度。那種在應用時以慢制快的說法，更是容易使人誤解。究竟慢怎樣轉變成了快，這須從太極拳的運動方式中找答案。

　　太極拳運動時，勁力起於足，主宰於腰，通肩臂，行於手，總須完整一氣。如果速度快，勢必動作一滑而過，達不到全身協調。所以採取較慢的速度，接骨斗榫，細心揣摩，催僵求柔，使勁的起源到發出形成暢通無礙的通道，無論左右前後上下，隨意運行。在此基礎上，逐步求得意、氣、勁的完美結合，達到隨意而行，意到勁到，不假思索的自動化境界。

　　這種慢練產生「快」的過程，從某種意義上說，也可用將崎嶇的山路修成寬闊的現代化公路作比喻。「發手要快，不快則遲誤」（《用武要言》）。作為競技武術，太極拳是刻意求快的，「百招百解，唯快無解」，只有快才能出奇制勝，只有快才能出手即佔先上先，只有快才能化險為夷。慢練是手段，是方法，是過程，只有快才是目的。那種以慢制快的說法由於簡略，忽略了「由慢練，使自己能達到快速的境界，進而達到制人之快的效果」的全過程，容易使人產生疑問和誤解。

　　太極拳發展到今天，仍然有些「拳家」曲解陰陽學說，把許多荒誕不經的東西摻雜其中，使太極拳理論或多或少蒙上一層神秘的面紗。更有甚者，慣以陰陽加時辰、方位誤導人，致使不少人「練拳幾十年，仍在迷宮轉」。對於這些我們應該加以區分，把太極拳的修煉納入更加科

學的軌道上來，辯證領悟太極拳陰陽之理，將拳中各種矛盾處理得當，才能練有所得，不致誤入歧途。

第二節　開　合

許多人習練太極拳多年，雖然下了不少工夫，卻因為不得要領，收效不大。近年來我在教拳之餘反覆思考這個問題，一度被「太極十年不出門」的傳統觀念困擾。經過反覆思考、回顧、搜索自己修煉拳學的切身體會，加之在部分練拳有年卻長進不大的學生身上試驗，找到了加速功夫長進的切入點——重新認識開合，勇於提升自己，高屋建瓴，把複雜的周身開合逐步簡單化為「手腳開合」。

太極拳運動，無非開合二字。「開合虛實，即為拳經」，「一開一合，拳術盡矣」。

縱觀太極拳中的各種陰陽關係如上下、前後、左右、起落、屈伸、往來、剛柔、虛實、捲放、蓄發……之中，無一不含開合，時時須開合，處處有開合。從基本功的順逆纏絲勁，到拳架中的各個拳式，再從推手到散手，無一不以開合貫穿其中。一開全開，意氣神形俱開，一合全合，意氣神形全合。既能開之再開，也能合之再合。而又開中有合，合中有開，開合相寓，達到陰陽互濟，參悟太極拳真諦。太極拳乃開合拳也。

細觀太極拳中身體各個部位和各種勁別，無論取其定勢還是動勢，無一不是以開合論之。

開　勁

開勁有手開、臂開、肩開、胸開、背開、胯開、膝

開、足開，以手開和足開為最多，最顯於外。開時不僅手臂開，更須用腰襠之力，加之意氣，稱為一開俱開，方為真開。也有手與足開，手與身開等等不一而足。總之有一合必有一開，有一開才有一合，有多少合勁，就有多少開勁。「一開連一合，開合遞相承」。開足了須合，合夠了再開。開屬方勁，為呼，為放，為發。

合　勁

以總體而言，心與意合，氣與力合，筋與骨合，此為內三合。手與足合，肘與膝合，肩與胯合，此為外三合。以左右而言，雙手相合，雙肘相合，兩肩相合。以上下而言，左手合右足，左肘合右膝，左肩合右胯，右三合亦然。以進退而言，左膝合右胸，右膝合左胸。以勁別而言，掤是兩前臂合住勁，捋是雙手一順一逆合住勁，擠是手掌與另一前臂合住勁，按是雙手合住勁，諸般合勁，不可勝數。總之，有一開必有一合，有多少開勁，就有多少合勁。合屬圓勁，為吸、為提，為蓄。

在學會基本纏絲勁後，如果以健身為目的，可繼續照舊練習，對於前邊所述關於開合的要求，在練拳架時可以慢慢領會，順其自然，能修悟到哪個層次都無關要緊。如果是以修煉太極拳增內勁，長功夫，那就不能過久地在這個層次徘徊，應該果斷進入「開合」的修煉。

拳架中的開合內容有：雙足的開合、雙膝的開合、襠部的開合、發勁時的開合、運勁時的開合、進退時的開合、定勢時的開合等。又如具體到某一拳式的開合有：懶紮衣的左右開合，白鵝亮翅的上下開合等。這些開合的基本要求既符合技擊的技術要求，又符合人體結構所形成的

運動規律和自然習慣。所以，能夠學會這些開合，達到一般水準不是太難的事。如果有明師指導，一般有半年的有效時間即可基本掌握。

到了這個層次，我們應該果斷地提升自己，站在高層次對待拳中的開合。像在學校讀書一樣，許多中學沒能理解的知識，到了大學沒再專門學習它，反而能自然理解，這就是提升的結果。有些所謂的老師給學生看拳，只會說人家沒合好勁，讓人一頭霧水。千萬不能聽信這些誤人的指導，這會讓你永遠在初級水準徘徊。

拳中每一勢甚至每一動都是技擊方法，整個拳架中的技擊方法千變萬化，不可勝數。但是，這都不外乎兩手相吸相繫、長短手相互補救、首尾相互照應。這無數的技擊方法都是靠手腳的協調配合來完成的，所以拳論云：「上面手如何運，下肢足如何運，上下相隨，自然合拍。」「手指領起周身運動，足隨手尤其緊要。」「上下相隨人難侵。」

一位偉人曾說：「綱舉目張。」如果我們以千變萬化的技擊方法為「目」的話，那麼這個「綱」就是「上下相隨」。「上」指手，「下」指腳，「相隨」則是由「開合」來完成，所以「上下相隨」可以理解為「手腳開合」。「手腳開合」是周身各部位開合的延伸和有序化的外在表現，「手腳開合」足以統領全身的開合。由專注手腳開合，進而達到周身開合，這是一種在以內催外的基礎上，進而以外引（領）內達到內外兼修的修煉方法。

這種練法是在一定基礎上把複雜的周身開合問題簡單化為專注手腳開合，這對於增內勁長功夫確能起到事半功

倍的效果。也可以說是縮短了練功週期。

這裏對金剛搗碓前半勢進行開合分析。

雙手左順右逆纏絲合住勁，隨著腰的右轉向右捋帶；目視雙手及前方。（圖3-1）

左腳踏實，腳尖稍內扣，膝裏合，整個左腿逆纏裏合，鬆右胯，膝右轉，以腳跟為軸，腳尖上翹外轉，右腿順纏向外；目視前方兼顧右側。（圖3-2）

圖 3-1

圖 3-2

　　轉至右前 45°時，身體微下沉，上下相合，重心移至右腳；雙手稍向外加掤勁，提左腿以膝上領與右胸相合；目視前方兼顧右側。（圖 3-3）

　　雙手合住掤勁不丟，左順右逆纏絲往右後偏上将帶，左手不過胸中線；同時，左腳尖上翹裏合，左膝裏合逆纏，向左前方蹬出，以腳後跟裏側著地，鏟地有聲；目視前方。（圖 3-4）

圖 3-3

圖 3-4

　　雙手合勁不丟，略向上後引領；同時，身體微下沉向前；目視前方。（圖 3-5）

　　雙手轉成左逆右順下沉，走下弧往前掤出；同時，鬆左胯，身體左轉，蹬右腳，右腿逆纏裏扣，將重心逐漸移至左腳。（圖 3-6）

圖 3-5

圖 3-6

至此金剛搗碓前半勢已經完成。

圖 3-1 是雙手合勁。

圖 3-2 是下肢左合右開。

圖 3-3 是先周身上下相合緊接著胸膝相合。

圖 3-4 是雙手與左腳的開勁（如果意氣專注右腳方向，則為雙手與右腳的合勁，所謂開中有合）。

圖 3-5 是手與身開而身體下沉合勁。

圖 3-6 是雙手與左腳的合勁（如果意氣專注右腳方向，則為雙手與右腳的開勁，所謂合中有開）。

再對金剛搗碓前半勢進行技擊分析。

較技中，任何一種化法、任何一種打法都是靠手腳的開合而實現的。手腳開亦打，合亦打；開亦化，合亦化。因敵變化，順勢而用。從開始至圖 3-4 的手腳開合，將拳中的開合勁表現到了高潮。如：圖 3-4 專注左腳為開勁。左腳插入對方襠內是插襠跌法。（圖 3-7）

圖 3-7

左腳上在對方前腿的後方，對方被我引帶如覺失重欲後撤，我隨勢重心前移，可使用絆腿跌法、勾腿跌法。（圖3-8①為絆腿跌、圖3-8②為勾腿跌）

圖 3-8①　絆腿跌

圖 3-8②　勾腿跌

　　圖 3-5 手開身合，開中有合，為上引下進之法。手開是拿法，此處拿不是拿對方某一部位，而是控制對方勁路，是發勁前由拿對對方進一步控制，為「引、化、拿、發」中發之前的拿。身合是為腰襠發力蓄勢，身法的合勁下沉與拿法同時進行，即開合共存一體。如以手腳開合而論，此為開之再開。這些細微的開合動作，正是技擊的關鍵所在，正是內勁的外現。修煉者要在這類轉關折疊處找感覺，心悟加體悟，久而久之，才有可能對拳術真諦產生頓悟。

　　圖 3-6 的技擊含義是圖 3-4 經過圖 3-5 的上引下進而延伸出來的技擊方法，同圖 3-8，不再重述。

　　以上從技擊角度分析的三個圖（圖 3-4～圖 3-6），都有明顯的手腳開合，這種開合拳勢在拳架中比比皆是，如：懶紮衣的右手與右腳開（圖 3-9）、合（圖 3-10）；

圖 3-9　　　　　　　　　　圖 3-10

六封四閉的雙手與右腳開（圖3–11）、合（圖3–12）；單
鞭的左手與左腳開（圖3–13）、合（圖3–14）；斜形的雙

圖 3-11

圖 3-12

圖 3-13

圖 3-14

圖 3-15

圖 3-16

手與左腳開（圖3-15）、合（圖3-16），以及前蹚步雙手
與前腳的開合、右手與左腳的開合、左手與右腳的開合，
雲手左手與左腳的先開再合等等，不一而足。雖然勁別轉
換不一，招法千變萬化，而手腳開合卻貫穿始終。

　　正是：手腳一開一合，盡顯太極之妙！

第三節　接　勁

　　習練太極拳以強身祛病為目的，不必過於注重接勁，但
是欲增內勁、長功夫，追求拳術真諦，則必須練好「接
勁」。

　　接者，承接、迎接、連接、延伸。

　　所謂接勁不外以下三種：一是用手或身體某一部分將
對方加於我身之勁接住，這種與對方的接觸是太極拳「聽

勁」的先決條件。

二是與對方接觸後，需將自己的勁與對方之勁連接起來，運用引、化、拿、發的技擊技巧將彼發出，即所謂「引進落空合即出」中的「合」。

三是在發勁之後的斷勁處或在對抗中被迫產生的斷勁，需要重新連接起來。

這裏我們討論的是第一種接勁方法，這種接勁亦稱接手、接招、接勢。

稱接招、接手為接勁，因為它不是一招一勢，而實為一種勁別。其應用，尤其在散手較技中的應用，都在八門勁別之前，是至關重要的第一道防線。「打法容易上法難，還是上法最為先」「上法以手為妙」等，都是在強調接好第一個勁的重要性。散手較技和抗暴禦敵時，拳來腳往，踢打摔拿緊張激烈，如何接好第一個勁並無具體法則，只能隨著對方進攻招法不同而隨時改變，所以不能給出千篇一律的方案。

一、接勁的種類

根據接勁時雙方身體的距離，可分為接觸接勁和不接觸接勁兩種。

1. 接觸接勁法

最常用的接勁是對方左手來我用左手接，對方右手來我用右手迎，稱為「拗手」，傳統稱「走外門」或「走偏門」。我在接住對方的勁之後或挒或採、或封或閉，形成我順人背之勢，為擊打和發放創造條件。對方一臂受制於

我，彼欲反擊，必須先作化解，另手才能反擊，這樣要複雜困難一些（當然不排除何處受制何處化解、反擊）。而我在順勢之下形成兩手對一手之勢自然有利。

這種走偏門拗手接勁的方法太極拳中占的比例最大，是最常用的接勁方法。拳架中如雲手、前招、後招等都屬於此類接勁方法。

另一種是順手接勁法，即對方左手來我以右手接，右手來我以左手接，如拳架中的白蛇吐信等。

使用何種方法接勁，只能視具體情況而定。

2. 不接觸接勁法

首先要思想高度集中，對來勁的判斷已準確無誤，果斷運用靈活多變的步法，由進退躲閃來達到接勁目的，如忽雷架中的白鵝亮翅、閃通臂轉單鞭中的促步等。「不招不架，只是一下」，正是這種出奇制勝方法的熟練運用。

二、接勁的修煉

怎樣接好第一個勁，是許多拳手感覺最棘手的問題。如果接不住或處理不好第一個勁，就會被動挨打。所以，較之我順人背時的發放，接勁似乎更難一些，尤其是視推手為修煉太極拳終極目標的人，對接勁更沒有把握。接勁時要求對於對方的進攻時間、運行路線、空間位置、攻擊部位和方法，都必須反應靈敏、準確無誤，一系列動作都在瞬間完成，不容思考，全為自動。散手較技，一經接勁，勝負立現，可見接勁的重要性。

這就要求我們必須循規蹈矩，下苦工夫，首先從練好

拳架入手，當拳架達到一定水準後，再通過兼練站樁、接勁專門訓練、散手實戰等一系列方法，才能達到接勁、技擊的較高水準。

三、拳　架

提高接勁和技擊水準，有人主張實戰而偏廢拳架的練習，我認為這種觀念有失偏頗。太極拳架是前輩拳家把各種技法都巧妙組合的結晶，是修煉太極拳的必修課程。拳架是基本功，也是最高深的功夫，只是階段不同、要求不一而已。吳式太極拳家吳鑒泉要求弟子一年內過萬遍拳架關；陳氏前輩陳垚年練拳萬遍，技藝精湛，無人能敵；陳發科日練拳 30 遍，從不間斷，功夫純厚，獨步一時。有些拳派確實不練成套的拳架，但是卻把拳架中的精華拆開來練，不過是另起名堂而已。

拳術是科學，只能循其規律，老老實實，苦練多悟，絕非巧取所能練就。欲覓捷徑耍小聰明的人，只會事倍功半，最終學得皮毛功夫，難登大雅之堂。

四、站　樁

如圖 3-17 為摟膝定勢。除按拳架的各項要求做好外，眼神注視面前三尺以外、五尺以內，想像對方即在眼前，以

圖 3-17

各種技法向我進攻。其進攻時常變換角度、節奏和力度，我自從容接勁。由內動引動全身各個部位，微動非動，將動欲動，內氣騰然，蓄而待發。這種練法以意念指導，從鬆靜入手，由假借反覆訓練形成自然習慣。

有人曾說，這種靜練入手是為行家不傳之秘。這種說法雖然有些故作神秘，但此法確是太極拳各勁之取得不可偏廢的方法。「動以養身，靜以養心」，這種練氣和養氣並重的方法，練者可得益終身。

五、專門練習

除了拳架和站樁外，還要進行接勁的專門練習，即兩人打散手招互餵。發勁者由慢到快、由輕到重，不斷變換力度和節奏；接勁者有人當無人，沉著冷靜。由單式發勁到連環發放，由雙方商定互換到自然而然地接發互變，逐步行拳於不知不覺之中，隨心所欲，得心應手，運用之妙，存乎一心。

互餵的過程，是接勁和散手水準同步提高的過程，須依拳理而行，著重一個「悟」字。接住彼勁後，急應緩隨，運用皮膚觸覺和內體感覺的靈敏性，探知對方勁力的大小、剛柔、虛實和動向，發揮引進落空、乘勢借力的技巧，力爭在時間和力點最為恰當的時刻將對方制服或發放、擊打出去。

現根據接觸對方的部位不同，介紹四種接勁方法，供習練散手尤其是以接勁為首要目的者參考使用。

1. 內側接勁法

雙方右勢對峙。（圖 3-18）

　　乙稍上右步，同時出右拳擊甲面部。甲隨即也稍上右步，同時身體左轉，重心前移；右手屈臂順纏，隨著身體左轉順勢以小指側掛引乙右腕，左手逆纏上舉至右耳側防護己面。（圖3-19）

圖3-18

圖3-19

甲猛蹬左腿，開胸，右手突然展臂，用拳背彈擊乙面部。（圖3-20）

【要點】

甲右手屈臂引化，身體左轉前移，此為手引身進之法。左手上舉以護面，與右手環抱蓄勁，如拳論所說「引到身前勁始蓄」，是為化蓄一體。發勁時擰腰、開胸，節節貫穿，力達拳背。

2. 外側接勁法

雙方左勢對峙。（圖3-21）

乙左手向下拍按甲左手，同時出右拳擊甲面部。（圖3-22）

圖 3-20

圖 3-21

圖 3-22

甲身微左轉下沉，左腳向左稍偏後開一小步；右手微逆纏，從左前臂內上穿外翻刁拿乙右手腕。（圖3-23）

甲右手逆纏往右下引帶，左手逆纏上舉護面；右腳同時提起收至左腳內側，腳尖點地。此時甲以右手腕控制乙，甲順乙背，甲只需跟進一小步，或按或靠，或打或發，見機而行。（圖3-24）

【要點】

（1）刁拿乙後手拳時，一定要同時身體往左閃避。即使右手沒完全接住，由於身往左閃，已避其鋒芒，左手作為第二道防護點已經到位。這種兩手本能地相互照應是長期修煉「兩手相吸相繫」的結果。

（2）此為後手接對方後手之法。如果是前手從外側接前手，則是直接跨步閃避，同時穿掌翻轉刁拿。其餘相同。

圖 3-23

圖 3-24

3. 橫撥迎擊接勁法

雙方右勢對峙。（圖 3-25）

圖 3-25

　　乙突然進右步、跟左步，用右拳直搗甲面門。甲微蹲，身體略左轉，重心前移，同時頭往左稍歪閃避；左手向上、向右推乙右拳，右拳逆纏，向前迎擊乙面部。（圖3-26）

【要點】

　　要敢於把對方放進來，化打同時完成，迎擊的效果才好。

4. 上掤迎擊接勁法

　　雙方右勢對峙。（圖3-27）
　　乙右手一晃，緊接著出左拳擊甲面部。（圖3-28）

圖 3-26

圖 3-27

圖 3-28

甲略一蹲身低頭，同時舉左手護面，稍進右步，右拳逆纏弧形前沖，指向乙面部，前臂呈弧形上掤，與乙左拳相擦而過。（圖3-29）

【要點】

看準乙方左拳，使其於弧形前臂之上滑空。連化帶打，果斷迎擊。

以上幾種接勁方法，都是和打法連在一起的。接勁以利於反擊，實質是散手功夫提高的必要途徑。接勁沒有固定模式，只能依據對方的給勁而定。在實戰中反覆體悟，是接勁技術提高的唯一途徑。

會接勁才算過了步入高級階段的第一道門檻。

圖 3-29

附：接勁功法——小招

一、小招簡介

小招，也稱小粘，小粘招。注重接勁和黏連勁的練習，並配以靈活的步法練習相隨。小招作為提高接勁水準的功法，簡單易學，上功快，臥牛之地即可練習，亦可一個人做想像練習。

小招在博愛縣一帶流傳較廣，屬硬拳對練套路。本文介紹的練法由家祖父崔德中先生傳授。先生在教授時對原套路中生接硬架的手法加以改進，糅入擠手（推手）中的粘黏勁。強調在手法清晰的前提下加快節奏，提倡與大将推手交替練習。小招身高步活，注重接勁的練習，對於修煉太極拳的人來說，從推手對抗到散手較技的過渡階段練練小招，體味另樣感覺，確有益處。

二、小招圖解

甲乙雙方相對而立。雙方距離以兩臂向前平舉握拳、拳面相觸為宜。中正安舒成太極拳預備式。雙方均目視對方面部。（圖 3-30）

圖 3-30

接上勢，乙方上右步出右拳，擊甲胸部。（圖 3-31）

甲方出手接勁。左手內旋，自左下向上、向右畫圓，以掌小指側貼於乙方右前臂內側；腰微左轉向左後引帶，截消乙方右拳進攻之勢；同時右手以立掌自然提至胸前，掌心向左，護住胸部和面部，右掌高度以不影響自身視線為度。沉肘坐腕，注意腋窩留有餘地，目視乙方面部。（圖 3-32、圖 3-33）

本圖和圖 3-31 分別為左手截消、右手護面和卸步，三個動作應同時進行。

圖 3-31

圖 3-32

圖 3-33

接上動。乙方沖拳走空後，隨甲向其左後截消之勢，變掌擊甲方頭部左側；左手同時變掌，由左腰際提至胸前，防備對方對自己面部的突然進攻；目視右手。甲方隨乙右手運行路線，黏著點由掌側移到掌背，黏貼於乙方右腕部內側，左手聽勁，全神貫注；目視乙方面部。（圖 3-34）

接上動，甲方繼續隨乙右手運行路線加強掤勁。同時，乙方鬆左胯，腰左轉，黏著點由腕部內側隨甲方運行路線移到前臂外側。雙方都注視黏著點，另手置於胸前。（圖 3-35）

上動不停。甲方用右手以前臂外側貼於乙方右前臂之上，左掌經右掌心向乙方咽喉插擊。左腳蹬地，重心稍前移，右手向右後稍帶，以助左掌之勢，力求周身整勁，目視

圖 3-34

乙之面部。乙方重心速後移至左腳，含胸、塌腰、落胯，身體微右轉；目視甲之左掌，不可向後仰頭。（圖 3-36）

圖 3-35

圖 3-36

　　接上動。甲隨乙方重心後移之勢，重心全部移至右腳，提左腳上左步，重心移至左腳。乙隨甲方身體前逼之勢，右腳後卸一步，重心在左腳；右掌外旋，由左胸前迅速接住甲方取喉之掌，和甲方左掌背立掌互靠，手心向自己右後側。雙方各以「七星」之勢掤住對方，注視對方面部。（圖3-37）

　　上動不停。甲左掌內旋，向左方化解乙之掤勁；提右腿上步，意欲勾跌乙方在前的右腳，同時右掌變拳擊乙左肋，兩腿重心偏右，目視乙面部。乙方重心由左迅速向右後移，提左腳後撤，右掌置於胸前上方，左掌微內旋，肘微鬆沉。由鬆左胯，腰微左轉，意在化解甲方攻擊左肋之勢。重心偏右，目視甲方面部。（圖3-38）

　　接上動。乙方繼續鬆左胯，腰左轉，左掌內旋，左臂鬆沉旋轉滾動，以前臂外側為黏著點，黏貼於甲方右前臂

圖3-37

內側，以化開甲方攻擊點為度，右手仍置於胸前，目視甲面部。（圖3-39）

圖3-38

圖3-39

　　接上動。甲方沖拳被乙方化解走空後，隨其旋轉之
勢，右拳變掌內旋，以掌根擊乙方頭部左側，左手置於胸
前，重心偏右，目視乙方頭部。乙方隨甲方右手運行路
線，黏著點由前臂外側移至掌背，黏貼於甲方右前臂內
側，重心在左腳，左手聽勁，目視甲方面部。（圖3-40）

　　上動不停。乙方繼續隨甲右手路線運行，向自己右前
方引化，左掌微內旋，黏著點由掌背移至腕部小指側，左
膝合，右腳蹬地，勁貫梢節，掤勁不丟。甲方鬆左胯，腰
左轉，右手外旋滾動，黏著點由腕部移至前臂外側。雙方
注視黏著點，另手以立掌置以胸前。（圖3-41）

　　接上動。乙以右前臂外側貼於甲右前臂之上，左掌隨
即向甲咽喉插擊，兩腿左蹬右弓，目視甲方面部。甲重心
由右向左速移，含胸，腰右轉，左掌外旋，由左胸前迅速
向前接住（應軟接觸）乙之左掌，和乙方手背相靠，意念

圖3-40

貫注小指側。（圖 3-42、圖 3-43）

　　接上動。乙上左步，重心移至左腳。甲卸右步，重心

圖 3-41

圖 3-42

圖 3-43

移至右腳。乙乘前進之勢繼續上右步欲沖右拳，重心在右，目視甲面部。甲方左腳後撤一步，重心在右腳，腰左轉，左手以掌貼於乙右拳，將其送過自身中線。左手掤勁不丟，肘微沉，以前臂下側貼於乙右前臂之上，以黏著點控制乙右臂，目視乙方面部。（圖3-44、圖3-45）

上動不停。甲方以左前臂黏著點內旋滾動將乙之右拳方向改變，隨即右手回防置於胸前。參見圖3-33。

這樣繼續往下走，乙掌插擊，甲引化，出左掌，這樣循環往復。前進後退各為兩步。

另外兩種出手接勁方法簡單介紹一下。

1. 可依上述方法做左勢練習，即乙方上左步、沖左拳，甲方卸右步、右手截消來勁。

2. 甲乙相對，甲上右步、出右手，二龍戲珠取乙雙眼或金雞捏嗓取咽喉，出擊之勢被乙化解後上左步，從右臂

圖3-44

圖3-45

之上出左掌。乙退右步，出左手迎擊；甲右拳擊乙左肋，乙退左步化解。這樣前進後退各為三步。

第四節　發　勁

發勁即發力、發放。「發」就是將對方擲放或擊打出去，或者使對方失去平衡而跌倒。這是太極拳修煉過程中最重要的技法。常見記載：某某拳家與人交手，一出手即跌人於丈外，以發勁威力之大贊其拳術功夫高超。所以發勁成為衡量太極拳技擊水準的重要標誌。

發勁品質的高低由多方面因素決定。發勁技術的修煉是一個循序漸進的過程，根據不同階段可以分為單練、推手中練和散手中練三種，這三個階段的發勁練習有密切的聯繫。

發勁可以是掤、捋、擠、按、採、挒、肘、靠八法之中的任意一種，也可以是手、肘、肩、胯、胸、腹、膝、足中的任意一個部位，如果再加上各種步法配合，可謂千變萬化，層出不窮。但是「力由脊發」「其根在腳」「主宰於腰」則是其不變的宗旨。

一、單　練

太極拳修煉初期，基本以拳架為主。其間的發勁練習以拳架中的明顯發勁拳勢和單勢練習為主。拳架中的發勁要在熟練的基礎上，猛打、猛踢、猛甩，掩手肱拳呼呼生風，頓足震腳咚咚作響，以求抻筋拔骨、關節開張。單勢練習要將掩手肱拳、當頭炮、白蛇吐信、側肩靠、迎門

靠、背折靠、三換掌、拗攔肘、順攔肘、穿心肘等作為主要內容。

「力由脊發」「主宰於腰」，都說明發勁與腰部的密切聯繫，所以研究腰部的運動規律，對於發勁的修煉是非常必要的。

某人修煉拳術功夫達到較高水準時，傳統的說法是其人功夫已上身。難道功夫在身外某處，這時才上到他身上了嗎？不是這樣理解，而是說明他的身上練出功夫了。

身上哪個部位有功夫？就是腰部的功夫。打人發勁時，腰脊以丹田（小腹、肚臍部位）為中心，根據攻防需要做旋轉或折疊（丹田內轉）而產生力。單手擊打發勁時，腰須左右平面旋轉而形成平面圓，如掩手肱捶；雙手向前擊打發力時，腰部前後折疊（胸腰折疊）而形成前後立圓，如當頭炮；雙手合住勁向左右側發勁時，腰須左右交替鬆緊（因人體結構限制，左右運動時，不可能像前後那樣胸腰折疊，只能通過擺動幅度不大的左右鬆緊來完成）而形成左右立圓，如前招、後招。

以上所述三種，都是正向圓，屬於典型的運動方式，若稍稍偏離左右、前後和上下的正向，就可以形成無數的發勁動作。

發勁求的是集周身之力高度協調而形成的整體力。這個整體力大致由三部分組成：雙腿虛實轉換使身體產生位移而產生的力；腰部以丹田為中心旋轉或折疊而產生的力；上肢屈伸往來而產生的力。這三個力能夠非常協調而形成一個整體力發放出去，才能產生好的發放效果，這個整體力就是內勁。

好的擊打發放效果都是以內勁為基礎的，所以練就充盈飽滿的內勁是修煉太極拳者終生追求的目標。正是因為內勁的重要和難求，才導致不少不知內勁為何物的人把內勁說得既玄妙又神秘，似乎深不可測，高不可攀，直至曲解，自欺欺人，誤己誤人。這是修煉太極拳的人需要認真注意的，千萬不可誤入迷宮。

其實內勁並不神秘。我們修煉太極拳，除了掌握正確規範的外形動作外，更要掌握深層次的東西，即用意內動，就是傳統所說的「悟」，包括心悟、體悟。內動的主要部位表現在腰部的丹田，「出腎入腎是真訣」。行拳走架時，以丹田為中心，腰部做左右旋轉的平面圓；胸腰折疊的前後立圓；左右交替鬆緊的左右立圓，這種內動所產生的力與外形有機協調而表現出來，就是內勁。

內勁不是獨立存在的，它與外形動作互為表裏，同時存在於太極拳的每一個動作之中。陳鑫說：「如第以由內發外者為內勁，此其論猶淺焉者也。」可見對於內勁的理解偏差古來有之。

修煉內勁沒有捷徑，只能在明拳理的基礎上與外形同時習練，用正確的外形逐步引動內勁，同時用內勁促使外形動作趨於正確，如此以外引內，以內催外，內外兼修。在內不斷積蓄增長內勁，在外則逐漸形成一種其根在腳、行於腿、主宰於腰、通肩臂而形於手指，節節貫穿的整體勁（這種整體勁已不是全身各力之和的概念），這種整體勁就是「內勁」，也有人稱之為掤勁、纏絲勁、太極勁、渾元勁等。

內勁破之而不開，撞之而不散，上欲動而下自隨，下

欲動而上自領，上下動而中部應之，中部動而上下和之。「內勁或高或低，或反或正，且忽遲忽速，忽隱忽現，或大開而大合，忽時行而時止，無跡可尋，一片靈光」。內勁品質越高，發勁威力越大。

欲要發放，無論發何種勁，都須先蓄勁，蓄好勁是發放的先決條件，故拳論曰「蓄而後發」「蓄勁如張弓，發勁如放箭」。蓄勁時的總體要求：周身之氣團聚於丹田之中，同時使勁力鬆沉貫於腳底，重心偏於後腿利於轉換；上肢各個關節依次放鬆，虛攏勿屈；頂勁領好，精神提起，專注一方。極具騰挪之勢，一觸即發。

現以掩手肱拳為例，剖析其發勁原理。

蓄勁時，全身氣向下沉，右拳收於右肋側，左手在胸前。緊接著身體稍沉以加強蓄勁。疾蹬右腳，右腿逆纏裏合；鬆左胯，重心左移；腰向左疾速擰轉；左膝裏合扣膝；隨身體左轉順右肩，右拳從左手下逆纏前衝，將近擊打點時，猛地握緊拳，拇指緊扣食指與中指，力達拳頂；同時左手從小指至無名指、中指依次裏屈，拇指與食指張開，隨著身體左轉屈臂向後放肘勁。蹬腿、扣襠、擰腰、順肩、抖腕，前發後塌，順遂協調，一發即收，放鬆還原，以備連環發放。

總體要求：丹田團聚之氣，七分上行至上肢梢節（力點），三分下行於下肢足底（支點），力求意遠、力促、勁長，落點疾速沉重。

發勁時右拳從左手下擊出，左手為掩護之手；發勁時左手五指屈三張二為採拿之法。應用時右拳的一發是後手拳，發勁的瞬間猛蹬右腳，同時左腳用力下踏。左腳尖不

可外張，右腳尖須內扣，整個下肢形成扣襠之勢。襠不扣則下盤不穩，身法散亂，以致中盤擰腰無力，右拳發勁則達不到落點準、狠、疾速沉重的效果。

太極拳修煉重在自己找感覺，領悟其中奧妙：內不動，外不發；腰不動，手不發，總是意念為先，先內後外。這個階段練習發勁，就是一個人自己找感覺。即使理明白，會操作，在具體練習中也不是短時間內能找到感覺，甚至在很長一段時間內也找不到感覺。原因有二：

一是方法欠佳，自己又感覺不到何處有毛病，這就需要有老師臨場指導，隨時隨地監督調整。廣州有一學生練習掩手肱拳和當頭炮的單勢發勁有一段時間，他不僅不怕吃苦，也挺用心，就是怎麼也找不到那種彈抖出勁的感覺，別人在外表也看不到疾速沉重的彈抖勁。

有一次，我停在他身邊仔細觀看，上看看，下看看，又轉著圈看。看著他左、右勢各打了兩組（每組30次）後，我就讓他調整了一下右（後）腳尖裏扣的程度，重新打一組發勁試試看。這一組還沒打到一半，我看出似乎有了出勁的感覺，暗想是有效果了！注意！應特別關注「出勁」二字，無此即無穿透力可言。這時聽到他隨著發勁的節奏說道：「出來了！出來了。」差之毫釐，謬以千里。可見方法之於進步的重要性。

二是運動量不夠，即每次發勁練習的次數少，密度不夠，不足以使品質提高。根據我的體會，單練發勁時一定得有數量保證，每次30個為一組，每個拳勢左右重複練習，體力允許儘量多練。在多次的重複過程中，自身專心致志，細心體會揣摩，從星點感覺入手，隨時隨地自然調

整，就比較容易找到感覺。前輩拳家孫祿堂先生認為，一勢做不好，練一千遍，還沒做好，再練一千遍。其實不少時候只要能認真堅持做幾百遍，一般都能有不同程度的感覺。再者，幾種發勁開始時不可平均練習，而應從某一自己比較習慣的動作入手，力爭突破，然後再練其他勁，則事半功倍，容易收到比較好的效果。

二、在推手中練

推手較技的發勁與單練發勁有密切關係，同時又有很大區別。單練發勁品質高，在推手較技中相對容易有較好的發放效果。但是也不全然如此，有些單練發勁很漂亮的動作，推手時就是收不到好的效果，甚至發不出來。這種現象除了確實與對方不在一個層次外，不外乎以下幾種原因：來力沒引空就匆忙發放，犯頂；自己沒合（蓄）好勁就勉強發放，勁不整；對方沒完全形成背勢就硬行發放，少了一拿；發放落點不對，不是橫面。所以，推手較技時對發勁提出了更高的要求。

單練發勁時沒有外力干擾，自己把身體各部位安排得當，合好勁，再從容發放，這樣練的是「知己」功夫，屬一廂情願的事。推手較技時雙方黏連纏繞在一起，欲要發放，還必須具備「知彼」的功夫，得機得勢，才能有好的發放效果。推手較技中的發勁較之單練發勁要複雜許多，首先是排除對方的干擾，才會形成我順人背的有利局面——得機得勢。

得機得勢是一種比較籠統的概念，而怎樣得機得勢更沒有固定模式。具體修煉中以學會「跌開當」為能得機得

勢的突破口（或者說是能得機得勢的切入點），則能收到
比較滿意的效果。

「跌開當」是豫西北民間對於做事從容，有節奏、有
條理的一種通俗說法，「跌開當」和「得機得勢」聯繫起
來時應該這樣理解：

首先要擺脫對方的黏逼糾纏，能與其拉開一定距離，
即使不能拉開距離，也必須使其斷勁，這樣自己因主動與
對方「跌開當」而免受黏逼威脅。

二是在「機」為：化與發之間的間隔時間，用現代訓
練術語說就是掌握好化與發的節奏。即古人所謂「知拍任
君鬥」之中的「拍」。

三是在「勢」為：必須給發落點留下空間（橫面）。

先說得機。推手較技中引化對方勁力的過程，正是自
身蓄勁的過程，「引到身前勁始蓄」。等對方被「引空」
而出現「呆像」或「背勢」時，自身的蓄勁正好完成，這
一段時間正是開始引化與發放之間的時間「空檔」，即時
間差，打好這個時間差就是要控制化與發的節奏。節奏過
快，對方呆像沒有出現，背勢沒有形成；節奏過慢，時機
已過。所以，必須控制節奏，能在化與發之間適當「跌開
當」為得機。機是機會，是時間，「得機」者，有板有眼
是也。

再說得勢。當對方被引「空」而出現「呆像」或「背
勢」，發放時要識其橫面，確定落點，「發時腰腿認端
的」「中在得橫」。以主動給對方的跌倒讓出一定「空
間」，這就是因能「跌開當」而「得勢」。勢是空間，是
外在表現，得勢為我順人背。

推手較技時，遇丟知進，黏逼對方，直指其中心；逢頂必抖，驚散對方，使其神呆、勢背；引空其勁，牽動其根，使其如臨深淵，膽顫心驚，進不敢進，退沒法退，此時看準落點，一發奏效。培養發放意識，不失卻發放時機，須知「中實不發藝難精」之理。當然在化和發之間，還需要完成一系列技術動作：化和蓄必須同時完成；發放前必須有一個拿勁；步法必須調到最佳發放位置；身法應調到不貪不欠的中正態勢等。

這一系列動作的完成直到發放成功，都必須不容思索，高度自動化，精神與身體都在一鬆一緊之際已經完成。引、化、拿、發能達到這種下意識的高級境界，正是平時由無數次反覆習練而形成的自然習慣。

推手是以練習聽勁，增長黏連勁功夫為主要目的的階段性練功方法。太極門多以此傳授、學習、檢驗各種招法，體悟各種勁別。推手作為接觸性（貼身）技擊練習，是對脫手（散手）技擊技術的補充。但是不少人把推手作為修煉太極拳所追求的終極目標，我認為這是不妥當的。太極拳修煉的最高階段應該是散手，而不應是推手，修煉者應紮紮實實完成從推手向散手（即練向用）的過渡。散手功夫高超，才算得到了太極拳的精髓。

三、在散手中練

太極拳散手是在推手至十分純熟的基礎上，逐漸產生一種可黏可脫、黏脫自如的技擊方法。散手較技時的發勁（發放、擊打）仍是以推手較技中的發勁為基礎而加以調整和提高的。

1. 制根發放

散手較技不同於推手較技，它以手為出入之門，腕為大門，肘為二門，臂根為內門。如能控制其腕，雖可佔據相當有利的條件，但其時仍有很大變數；如能控制其肘，雖然對方還能以身法變化，但已非常被動，有「接肘不接手，接肘不能走」之說；如能制其臂根，必能牽動其身，收「開寸離尺」之效，而後伏身貼近，用肩靠崩炸之力，跌人於丈外非是難事。

2. 擁身發放

以我前手佔據中門，對方一出手，我只需讓過力點，避其鋒芒，不理會其進攻之手，而是前手佔據裏圈直指其身，即俗話說的「走近路」，快而省力，效果極佳。敢於放人進來，自己才能打到對方。此時前手既出，不必收回，也不必後手擊打補救，而是迅速進步擁身發放，直指對方中心。

3. 奪位發放

先以手法開門，或劈面打，或封插對方雙眼，使對方忙於防守而顧不及進攻。我則同時上步進身，意在人先，步欲過人，前腳先進，直奔對方後腳位置，後腳自然隨勢跟進，踏在對方前腳位置。

手法開門，得以進步，雖然前腳先進，但全憑後腳蹬地之力。手靈步活，周身團聚，猶如前進之中的坦克車，直撲對方，腳落地人跌出，勢不可擋。

4. 閃進發放

這裏說的「閃」和「進」都是步法。閃者，避開對方攻擊之力；進者，靠近對方。閃為進創造條件，進是躲閃的目的。所以拳論說：「閃即進，進即閃。」散手較技中，一切擊打發放都必須進到位才能完成，只有進才能打，才能放。閃是向左或右側跨步伏身，以避其鋒，佔據對方的外門（偏門），然後趁對方一勢既出，不及收回而重新發勁之際，一躍而起，制其前手。「單臂克雙功」，出一手制其雙手及周身，同時出腳上步，或套或插，或勾或絆，肩靠摔擲，順勢用招，無不奏效。

散手發勁要求高、變化大，實戰中應用更多且效果好得多的是複合發放法，如制根後用擁身法、閃開後用奪位法等。以上四法僅為其中較簡單的例子。

散手較技中的擊打發放，首先考慮的不應是打倒對方，而是怎樣才能打到對方。因為再重的拳，再有威力的發勁，接近不了對方都是空談。有些拳家的「目光擊人」「隔空打人」，似乎玄了點。接近對方都是靠步法才能完成，所以我們習練二路拳（炮拳）時，不能把側重點光放在發勁上，不妨也把它看做是在修煉步法。「手到步不到，發人不得妙；手到步也到，發人如摧草」「手快不如步快，步快方顯手能」，這些較技中關於步法的至理名言，應成為我們修煉發勁的不二法則。

附：太極拳交手佔先要訣遇搠莫讓先，頂實驚彈先。逢丟進在先，身鬆點緊先。得勢爭來脈，百法靠為先。心勿存小善，螺旋不空轉。意能在人先，功夫始體全。

注：五句話宜用硬、軟、近、空、意五字意境去領悟，不可過多地在招法上徘徊。

第五節　冷　招

陳式太極拳同其他門派的中國武術一樣，源自人們自衛防暴意識。在冷兵器時代，其攻防招法絕妙而實用，足以禦敵自衛。「上打咽喉下打陰，中間兩肋並當心，下部兩臁並兩膝，腦後一掌要真魂」。一首陳家溝舊傳的拼死活打法歌即為明證。

隨著社會的發展與進步，太極拳的社會價值發生了質的變化。「詳推用意終何在？益壽延年不老春」。太極拳也由「自衛」的防暴抗暴意識轉移到了「強身」的健康意識，其精髓——技擊成分轉移成「競技體育」。既是體育，安全自然是首要，那些傷身致命的兇狠招法自然都在競賽規則禁止之列。久而久之，那些對敵極具殺傷力的招法就被冷落在了一旁，成了地地道道的「冷招」。

按照傳統說法，冷招就是不常用的招法，即俗話說的「冷熱貨」，它除了凶、狠、毒招外，還包括那些不上臺面的陰招。

雖然冷招的社會價值大打折扣，但是對於修煉太極拳的人來說，不能「練為看」，也不能純粹地「練為健」，而應該抓住太極拳的精髓——技擊而「練為戰」。當今社會遭遇暴力的機率雖然很低，但並不是不存在。武術較技的各種賽事，雖有規則約束，但不能排除無意的誤傷。

2007年的「武林大會」，因規則禁擊頭部，就見運動

員大模大樣，完全置頭部於不顧，但是幾乎每次都會有幾起誤傷頭（面或喉）部的現象發生，有的甚至痛失繼續比賽的機會。

疏於對頭部的保護和頭部抗擊打能力差的現象，不容我們不對自己的修煉方法進行反思。難道我們修煉太極拳就是僅僅為了比賽（指禁擊頭部之類的賽事）嗎？所以對於這些冷招，你可以不用，但不可以不知；你可以不用，但你不可以不會；你可以不用，但你不可以不防；你可以不用，但你不可以不傳。

從陰陽的角度看太極拳，如果對這些冷招（也可以說是陰招）你一無所知，即使你掌握的東西再全面，恐怕也不算是完整的太極拳。

余祖父崔德中和外祖父侯振田都是名聞鄉里的拳師，兩位祖輩老人早年曾講述傳授了一些備用的冷招，現整理於後，供太極拳修煉者瞭解冷招時參考。

1. 跺　腳

若我被人控制全身時，突然跺對方的腳。（圖 3-46）

注意：此為驚法，應出其不意，突然使用，緊接著使用其他解脫方法。以腳後跟著力，重創對方腳趾端。

2. 磕　臁

若我被人控制全身，使用跺腳不能達到解脫目的時，速改用腳外側或內側磕敵臁骨。（圖 3-47）

注意：此亦為驚法，臁骨經不住磕擊，受創後敵必疼痛，我應迅速利用敵受創分神之際，尋求其他解脫方法。

圖 3-46

圖 3-47

3.踹　膝

與敵對峙，當我走到敵側面即佔據偏門時，提腿直接

踹敵膝外側，敵必應聲倒地。（圖 3-48、圖 3-49）

注意：踹擊應稍高於膝部，著力點稍下滑則正中要

圖 3-48

圖 3-49

害，出腿要隱蔽，可採取指上打下等方法，以保證效果。

4. 蹬　膝

我在敵外側時，上前腳接近對方，提後腳用腳裏側磕蹬敵膝外側。（圖3-50、圖3-51）

注意：不能低頭施招，應採用上驚下取的戰術，使對方不及防護。

圖3-50

圖3-51

5. 撩　陰

當我雙手連同身體被敵死死抱住時，利用活動的腕部，用手撩擊或拍擊對方的陰部。（圖 3-52）

注意：撩陰後，趁敵稍分神鬆懈之際，立即施以穿心肘，如敵在前則以頂心肘法擊之。

6. 頂　陰

敵在前抱我，我迅速屈腿提膝，撞擊對方陰部。（圖 3-53）

7. 摘茄子

當我被敵逼至彎腰向下時，出手狠抓敵襠（陰）部，使其失去抵抗能力。（圖 3-54）

圖 3-52

注意：撈襠要狠，出手不留情。

圖 3-53

圖 3-54

8. 單取一指

當我被敵死死攔腰抱住時，迅速取其一指，猛向後折，其必負痛鬆手。（圖 3–55、圖 3–56）

注意：敵鬆手我卻不鬆手，力爭斷其一指。

9. 小孩掰蒜

當我被敵抱住沒機會用單取一指解脫時，速順敵指甲摳其甲根肉，敵疼痛難忍必鬆手，而我達到解脫目的。（圖 3–57、圖 3–58）

10. 老漢撐瓜

當我被敵攔腰或當胸抱住時，速以雙手抱住敵頭扭轉，無不應手解脫。（圖 3–59、圖 3–60）

圖 3-55

圖 3-56

注意：抱敵頭的雙手必須以一手控制其下巴。

圖 3-57

圖 3-58

圖 3-59

圖 3-60

11. 神仙磕門

當我被敵當胸連同雙手抱住，速以額頭磕敵面部，如敵在後，則仰頭磕敵面部，敵必應聲鬆手。（圖 3-61～圖 3-64）

注意：敵在胸前，磕擊以後立即以立肘頂敵心窩；敵如在後，磕擊之後要上步，掤肘外架，緊接著收緊身法，轉身用穿心肘擊敵胸肋，或撩陰擊敵要害。

12. 和尚撞鐘

當我能進入敵懷內時，或敵跌入我懷內，由於貼身，窩勁窩招，我稍稍下沉低頭，用額頭撞擊敵面。（圖 3-65、圖 3-66）

注意：撞擊一定要蹲身低頭，以額頭為撞擊力點。

圖 3-61　　　　　　　　圖 3-62

圖 3-63

圖 3-64

圖 3-65

圖 3-66

13. 錦雞捏嗉

與敵接近時,以左手開路,右手直取敵咽喉,以拇指和食指環扣敵喉管。(圖3-67、圖3-68)

注意:此招俗稱鎖喉。鎖喉前要直腕撐虎口,鎖喉時拇指與食指環扣合力,力爭穿透。祖輩在與土匪打鬥時,曾有當場將喉管拽出來的實例。

14. 二龍戲珠

以雙指插擊敵之雙眼,或以多指插擊敵面。(圖3-69)

注意:心狠手重,不可手軟,連環出招,促步跟進,不犯猶豫。

圖3-67

圖3-68

15. 青龍探爪

一手開路，一手抓擊敵面。（圖 3-70）

圖 3-69

圖 3-70

注意：兩手連環出勁，促步跟進，處處主動，使其防不勝防。

16. 老牛背椿

遇敵力大者，我以雙手握其一手，上步轉身，用肩擔擊敵肘部。（圖 3-71）

注意：擔擊時要屈膝鬆胯，身體下沉前傾，一氣呵成，不可斷勁，以免給敵可乘之機。

17. 羊擺頭

當我以側身與敵靠近時，雙方手臂互相纏繞在一起，我突然以頭擺擊敵面部。（圖 3-72、圖 3-73）

注意：擺擊前要先將敵往自己懷內引帶，以免前傾失勢。擺擊後立即使用其他方法痛擊敵人。

圖 3-71

圖 3-72

圖 3-73

18. 狗嚼脆骨

當我全身受制時，突然仰頭向對方臉上貼，咬其耳朵和鼻子，凡能咬住的部位都是目標。

注意：這是一種不上臺面的陰招，但是對敵或抗暴時，不失為一種立見效果的招法。

與敵手、身糾纏在一起時可以克敵制勝的冷招，尤其是那些所謂不上臺面的陰招還有不少。

此時此勢，凡是可活動的關節部位都可擊敵，所謂周身無處不是拳。凡是敵之要害部位，都是我擊打的目標。通曉各種千奇百怪的冷招、陰招，心，勿存小善；手，絕不留情。保護自己，制服敵人，這，才是硬道理。

第四章　有關陳式太極拳
的武林舊事

第一節　陳式太極拳忽龍架流傳散記

陳式太極拳分為老架、新架、小架、趙堡架、忽龍架。

忽龍架由陳氏十五世祖清萍的高足李景延首先在河南省西北部的博愛縣傳播，當地人稱這套拳是「陳溝軟捶」。

李景延，乳名碓，人稱「鐵胳膊」。19世紀中、末葉，李景延在博愛縣城南塢莊村杜盛興家教拳。杜為當地首富，當地的家產不說，在北京還開有幾家麝香莊，經營中藥材。杜家尤喜陳溝拳術，以至後來陳氏拳家陳發科到北京後也在杜家落腳，閒時常在杜家聊天。

李景延在去塢莊途中經過趙郭村，每次都在村北口的飯鋪中歇腳喝水。飯鋪由趙郭村趙中元家開，趙中元精「王堡槍」，並練「運氣錘」。

李景延曾以太極拳理為趙改拳架，並逐勢用太極拳技擊技巧為運氣捶破招。破招是傳統的講解傳授技擊方法的

通俗說法。故後來的運氣捶演練起來軟硬適中，身高步活，頗具太極拳韻味。趙中元曾傳北里村把兄弟侯振田（侯振田係作者外祖父）。至今侯振田的門徒呼延存武仍稱運氣捶是景延師傅改的架子，並以此為榮，刻苦練習。運氣捶成為當地流行拳種之一。

李景延傳教的比較出名弟子是楊虎。

楊虎承師業，仍然在杜家和博愛縣城邊的磚井村教拳。楊虎功夫純厚，善用盤肘。其弟子謝公吉在陽廟鎮的弟子和張富廷的弟子發生口角，由此延及兩門矛盾，下書約定在陽廟鎮比武。張遍邀太行山一帶名手助陣，據說光白蠟木杆就拉了幾大車（當時為牲口拉的鐵木輪車）。楊則只帶弟子謝公吉和族孫小西（當時 15 歲）欣然前去應戰，足見楊師藝高膽大、膽識過人。雙方擺開陣勢後，九府墳（村名）的劉思明從中調和，只讓弟子們做了一點象徵性切磋。少時楊虎常隨李碪與王堡村名師王章等人切磋技藝，劉思明為王章弟子，亦常在其師左右，楊、劉兩人相識多年，多有往來，相互敬慕。

楊虎傳弟子謝公吉、陳應得。

謝公吉為溫縣北王村人，在博愛縣的陽廟、張如集等地教拳。謝功夫足，出手狠，曾因在漢口將外國大力士（名字不詳）打下擂臺而馳名。教有弟子紅毛、張存中等。

陳應得是與陳家溝一溝之隔的王疙瘩村人，謝公吉師弟。起初陳應得在程村打葦巴，見村中有兩個教硬拳的拳場，一為山東人教，一為小尚人教，遂起教場之意。經楊師同意後，分別在程村李家、內都崔家和沁陽縣尚香村

（與內都僅一河之隔）三處設場授徒，傳授陳家溝的忽龍架太極拳（聽祖父講：陳師和師爺楊虎出門都說是「陳溝」的人，教的是「軟捶」）。

程村有名為「麻圈」者，精通拳腳，頗有氣力。常與人賭，雙臂挎兩個碾子，肩背一大鐵膠車輪繞村一周。有一次「麻圈」見陳師練倒捲肱一勢，譏為「兔扒窩」，要與陳師比試。只一個照面，被陳師一盤肘發出丈外，將圍觀之人撞倒五六層。自此，陳溝軟捶名聲大震。由於李、楊、陳三代拳師的精湛武技和悉心傳授，陳式太極拳忽龍架在博愛地區享有極高聲譽。博愛人見「王堡槍」進攻性強，防守嚴密，視為正宗槍法，又見陳溝軟捶旋轉纏繞，圈圈相套，注重實戰，威力無比，遂以「陳溝捶淨圈，王堡槍沒門」贊之。兩種武技，相提並論，共用盛譽。兩村交往，留下了不少武林佳話，陳氏家譜和王氏家譜中都有記載。

陳應得在內都傳有弟子崔歷芝、崔福運、崔德中等，眾弟子中以崔德中先生功夫最好。

崔德中先生功夫純厚，名聞鄉里，曾傳其子輩和孫輩等人，成為博愛地區的陳式太極拳忽龍架傳人。

第二節 陳式太極拳忽龍架傳人 崔德中先生小傳

崔德中先生（1898—1978），為筆者祖父。

祖父在本村，先從王堡槍名師王樹彪習王堡槍 3 年，後於 1921 年冬在陳應得門下習陳家溝拳法。因家中貧窮交

不足學費，就用為拳場做雜事幹力氣活彌補，故肯下工夫，進步快，深得陳師喜愛。以前老師教場一般為月餘來場指導一次，每次指導少則三五日，多則七八日。前後陳師在內都教授 8 年，先生隨師始終，才得以在技藝上有較深造詣。後先生體味太極拳理，根據擠手（即推手，當時稱擠手）的功用，將硬拳的對練套路——小招（也叫小黏，小黏招）加以改進，成為練習散手接勁的優秀功法，流傳至今。

由於受當時社會條件所迫，更因先生喜武，因此在拳術以外的槍術、刀術、繩鞭和彈弓等方面，都練就紮實功底。嘗與人賭，二十步（40 邁，約合 30 公尺）外用彈弓打掉對方兩顆門牙。晚年常帶著廣相等孫輩在小樹林裏用軟泥彈打知了玩耍。

祖父性格直爽，見義勇為，成為當地聞名拳師。諸多義舉，至今流傳。僅舉幾例，足見先生過人膽識。

在內都村戲臺下，先生痛打土匪頭子王老五，觀戲之人成百上千，有目共睹；

為營救同牢的眾鄉親，先生運神力單手擰斷皇協軍的牢房門鎖（當時一種生鐵外殼的疙瘩門鎖）。被救者至今仍有人健在；

為保護牲口經紀崔懷安免受欺侮，先生在水屯村戲臺下獨自勇鬥十幾個無賴，打鬥近半個時辰，先生全無懼色；

為抗紅槍會頻繁的差款和所謂捐物，先生腰繫繩鞭，手提馬刀，獨自夜闖紅槍會，大氣凜然與之論理。先生用手指著馬刀刃，高喊：「誰來這裏取差款。」二十餘個

「刀槍不入」的紅槍會道徒無人敢應！

先生早年曾教妹、子、女習武，子名子富，女名凍，皆有小成。晚年繼授孫輩。其孫廣博、廣利喜武，廣利在西安曾受聘任「萃華武術館」忽龍架教練。上世紀 70 年代中期，先生又教孫輩廣博等尋根問祖，投師於陳氏十九世陳正雷門下，全面學習陳氏拳械。此時方知陳應得所傳的忽龍架乃陳溝小架支流。

「文革」開始後，視練拳為異端，且先生不願介入武鬥，聲稱年老健忘，對外絕不提練拳之事。暗地先生則將拳架逐勢講解演示，對於實用技擊法反覆講解對拆，為加深記憶，將許多練拳體會和實用法以順口溜的形式傳授。另一方面對拳勢名稱以及名人軼事逐一回憶講述。如打死黑狸虎、累死陳敬柏的故事，陳耿新、陳紀新殺大頭王的故事等，都是那時的興趣話題，常聽不厭。我在祖父逝後的太極拳修煉中，不斷回想體味老人家以前的傳授與講述，修悟出不少道理，受益終身。

第三節　前輩行拳實例

家祖父崔德中先生，隨溫縣太極拳名師陳應得習武八年，功夫純厚。特別在年輕時，尤善真打實鬥，性格豪爽，愛打抱不平，名聞鄉里。

20 世紀二三十年代，兵荒馬亂，民不聊生。博愛縣南部沿沁河一帶，有大小土匪十來股，其中有一股土匪，頭子叫王老五。王老五是距我們內都村不足兩公里的小王莊村人。鄉里鄉親，大部分人都互相認識。

　　有一年春節看戲，先生當時 30 歲的光景，和眾多的年輕人站在一起，他身後不遠站著大個子的土匪頭子王老五。

　　臺上戲唱得熱鬧，戲臺下的王老五連連滋事起哄，出言不遜。這時幾個年輕人忍不住，其中一個人就大聲喊我爺爺小名：「小炳，老五太欺負人了，不敢打他？」先生此時尚在猶豫；畢竟老五是掂槍混的人……只聽王老五大喊一聲：「嚇死他，敢！」聲如炸雷，戲臺上的戲也停了，只見眾人嘩一聲閃開一片空地，把先生和王老五撇在中央。王老五近兩米的個頭，力可賽牛，心狠手毒，鄰近十幾個村的人誰不知道老五厲害，所以他根本不把先生放在眼裏。

　　事已至此，家祖父毫不遲疑，後腳疾速進一小步又上一大步，一個墊步加促步撲到王老五跟前。只見先生左手一晃，使出一招叫門捶，王老五雙手本能格擋向上一舉，先生換勢上步，出右手用青龍探爪直朝王的面部抓去。王老五往後一仰，緊接著出右拳直奔先生的面部，先生右手往左後掛引，身則左轉往前，屈臂翻手，同時促步跟進，一記背耳光鞭擊王老五面部。整個動作在一瞬間已經完成，戲臺下那麼多人都沒有看清楚怎麼回事，只見先生右手在空中畫了一圈，就聽「啪」一聲響，王老五捂臉蹲在地上，哀嚎不已。

第四節　行拳俚語選
（祖父崔德中傳授）

1.陳溝捶淨圈，王堡槍沒門。

2. 硬見軟不要展，軟見硬不先動。

3. 整學亂使喚，不敢照本搬。

4. 會打不會破，只算半截捶。

5. 拳打膀乍，腳踢頭歪。

6. 有人朝後摟，轉身穿心肘。

7. 面前橫，金雞獨立朝天蹬。

8. 家什響，野馬分鬃往裏闖。

9. 槍會轉，捶會點，叫開門，往裏鑽。

10. 雲手圈轉圓，一手管半邊，
　　只要會進步，一輩用不完。

11. 腳尖落地，人要跌出。

12. 貼身要粘黏，不貼會躲閃。

13. 打人先囚身，跌人妙如神。

14. 打人身前擁，勁往一點沖。

15. 勁使忽龍勁，打人離四指。

16. 打人心要狠，進步才吃人。

17. 遇事膽放正，十慌九不成。

18. 耍會十招百招，只用三招兩招。

19. 拳打一招熟。

20. 一狠勝過三年功。

　　注：由於祖父不識字，拳勢名稱和其他術語都是根據師傅當年口授以音定字。如忽龍架，忽龍勁，現在的說法是忽雷架等，在此說明，並非後輩立異。至於文中部分內容，可能與現在一些關於源流的提法不完全一致。我只是記述歷史，敘人敘事，祖父之言雖然年代較為久遠，但我不敢有所更改。

後　記

　　目前，習練太極拳的群體，中、老年占了很大比例，而年輕人則人數很少，這種現象對於太極拳的繼承和發展是一個十分嚴峻的問題。

　　太極拳作為一種優秀的民族文化，除了它源遠流長、極具民族特色外，還在於它的技擊主導思想和健身機理，無一不是傳統的中國文化的積澱。可以這樣說，最能代表中國人思維方式和行為方式的武術，莫過於太極拳了。但是，由於習練幾乎成了中、老年人的專利，以至年輕人認為太極拳是和跳舞一樣的健身活動。太極拳的精髓——技擊作用越來越被淡化，不少人甚至將其作為陳舊的東西與武術分離而入了另冊。就算有些年輕人練，也因為運動量不夠、節奏太慢且不能用於技擊防身以致半途而廢。是年輕人不願吃苦嗎？不是！如果讓他們去觀賞一場音樂會，他們會不辭辛苦、無懼風雨而前往。

　　世界的發展在於年輕人，太極拳的傳承也在於年輕人，如果沒有年輕人的參與，發展、傳承就無從談起。試想再過幾十年，現在的中老年人不在了，現在的年輕人又成了老年人，由於他們不瞭解太極拳，那太極拳就只好進博物館了。那麼，怎樣繼承和發展這一國家優秀的民族文

化，筆者認為應從三方面入手。

一、習練群體——瞄準高校

陳家溝前輩拳家陳鑫曾言：「學太極拳先學讀書，書理明白，學拳自然容易。」高校乃優秀青年雲集之地，大學生文化素質高，智商相對也高，且正是接受知識的巔峰時期，他們是繼承和發展太極拳事業的最理想人選。有志於太極拳事業的拳家應與體育、教育和文化部門一道，讓大學生在接受高等教育的同時，更多地接觸優秀的傳統民族文化，在接觸中瞭解民族文化，愛上民族文化。

我們充分相信太極拳的感染和吸引人的魅力，只要年輕人接觸上了這些優秀的民族文化，不用說教，不用強制，光靠太極拳本身就能吸引年輕人愛上它。這樣，既能提高大學生的身體素質和文化修養，培養民族感情，也為太極拳的持續發展培養和儲備了大批優秀的繼承者。

二、教授內容——精髓不能丟

筆者一學生之友人，某日見我們習練的陳式太極二路（炮捶）拳，多為縱跳發力、閃展騰挪的動作，驚訝之餘問道：「你們不是練太極拳嗎？這是什麼拳呀？」可見由於人們對太極拳的偏見，直接影響到普及內容的選擇。究竟哪一種太極拳最適宜推廣，這是首先要解決的問題。

根據筆者多年來練拳和教拳的體會，在高校推廣以陳式太極拳最為適宜。

陳式太極拳在目前流行的各家太極拳中最為古老，較多地保留了傳統武術的風貌。太極拳作為一種武術，創編

者的初衷在於技擊實用，而絕非只是為了健身。它作為一種優秀拳種流傳至今，其卓越的技擊功能正是其魅力所在，歷代太極拳家無一不是以其高超的技擊功夫作為立身之本。如果我們具體分析一下拳中對「剛、柔」「快、慢」的辯證處理，就會明顯看出陳式太極拳保留了較多傳統武術的精髓。

任何一種武術都是苛意求剛的，不剛怎麼打。但是太極拳不求純剛而求剛柔相濟，皆因為無柔環繞不速，無剛催逼不捷。所謂鬆柔是修煉方法而非目的，是階段性的需要而不能貫穿始終。越鬆越柔越好的說法是對太極拳的一種誤解。

同時太極拳也是苛意求快的，不快如何捕捉戰機，「戰機」即太極拳術語所謂「得機」。所以，太極拳要求動急能急應，動緩能緩隨，快到對方跟不上，慢到對方沒法隨，才能敵人怎來我怎應，急緩相將，隨心所欲而克敵制勝。

陳式太極拳把以上所說的剛柔，快慢還有打和化、收和放、鬆和緊等作了辯證處理。技擊時所必需的竄蹦跳躍、騰空撲跌、閃展騰挪等，在陳式太極拳中（包括一二路、推手、散手以及各種單項功夫的強化訓練等）都體現得淋漓盡致，而在其他各式太極拳中似乎不多見。至於陳式太極拳功法的系統性和可操作性，理論的慎密和嚴謹，都較多地保留了傳統武術的精髓。

近幾年來，楊式帶發勁的拳架、楊式小架、吳式快架的披露，更有拳家直言不諱的所謂「健身架」和「功夫架」之分，無不愈來愈體現太極拳界理念的一致性。

三、師資——能練、會打、明理

有了年輕化、文化層次高兩方面優勢的習練群體和合適的教材，還必須有合適的教授者。這個教授者，雖不一定是某個檔次比賽的冠軍、一流的技擊高手和武術理論家，但必須是一個能練、會打且明理的拳師。師者，傳道、授業、解惑也。習武無師自通尚無先例。

1.能　練

像學生以學習遣詞造句和學習課文（範文）為主要內容一樣，拳術以拳架為載體，讓學者在反覆習練的過程中，逐步規範各種手法、身法、步法，熟練各種招法，結合其他訓練手段體味各種勁別，提高身體素質和逐步悟通拳理，為其進一步修煉向高層次過渡積蓄基本素質。所以，拳架的學習至關重要。比如學生學不到帶啟迪性的優秀課文，那會是怎樣一種後果。

這就要求教師首先能打一套規範、盡顯太極拳風格和氣勢的拳架，才能給學者一個良好的學習開端。

2.會　打

許多年輕人學拳就是奔著技擊防身，否則跳舞比打拳瀟灑，跑步比練拳省心……他們大可不必非選擇練拳。這就要求教師能把太極拳的技擊功能展現給學生：講纏絲勁，能以小力化解大力而制其周身；講離心力，能使其覺得其大無外；講向心力，能使其原地撲倒；柔化能讓其在不知不覺中受制；發力能使其迅雷不及掩耳騰空跌出。筆

者在講身法時，有一孔姓學生對含胸的技擊作用提出質疑，我就讓他雙手猛推己胸，我由含胸收緊身法下沉，並施以胸拿截勁發放，體現了化解和採拿作用。事後那個學生說，老師身上有一股吸力，不得不往前去。其實那不過是在關節受制加上身體前衝慣性時的一種心理感覺。

所以，能化能打，擒拿擲摔，盡現太極拳風采，才能使學者心悅誠服。這樣既提高了學生的學習興趣，又增強了信心，他才肯下工夫，動腦子，才會為之投入。這才是太極拳的希望所在。

3. 明　理

「理不明，延明師；路不清，訪良友；理明路清而猶未能，再加終日乾乾之功，進而不止，日久自到。」這段拳論充分說明了明拳理的重要性。如果只是下苦工夫而對拳理不甚明瞭，只能徘徊於太極拳殿堂之外。學者須明拳理，所以，解惑就成為老師的一大職責。常見習拳有年而不明技擊之道，實乃其師之過。

作為教師，要把太極拳的健身機理和技擊原理給學生反覆講解，尤其是技擊原理，還要反覆示範，使學生既明拳理，又具有可操作性。教學中最忌諱言之無物，故作高深，做陰陽、時辰、方位之類的文字繞口令。現舉兩例筆者對古典拳論的講授思路。

例一，「陰陽共存一體，相生相剋」的古典拳論，既難懂且外延廣。

我在講解時，就引導學生從剛柔、快慢、化打、收放、鬆緊等各種矛盾（相反）的雙方著眼去理解。否則，

不但你自己說不明白，學生更是一頭霧水茫茫然。

例二，「腰為第一主宰」，並強調練拳時多種病根「必腰腿求之」，但是只講這些不僅缺乏可操作性，又極易使人對技擊時身法的正確性產生困惑。

筆者就首先講解腰的三種運動（發勁）形式；旋轉、折疊、鬆緊。進一步結合襠和腰說明：凡蓄勁，應塌腰合襠，不合則浮；柔勁，應活腰鬆襠，不鬆則滯；發勁，須擰腰扣襠，不扣則散。這些運動形式既符合技擊時需用，又符合人體特殊結構所養成的運動習慣。然後就舉例說明進行示範，並帶領學生反覆練習、觀摩、糾正、體會。這樣，使學生在最基本也是最重要的身法上，既有徑可攀，又有利於啟迪其悟性的貫通。

今天的世界是知識當道、科技爭鋒的資訊時代。教師必須克服浮躁的學風和夜郎自大的心態，尊重和承認太極拳的現實狀況，腳踏實地工作。同時要用相關的現代知識充實自己，完成太極拳深奧的古典拳論與物理學、生理學、運動心理學、解剖學等現代學科的接軌，這樣才能使古老的太極拳與時俱進，更容易為現代人，尤其是當代大學生所接受。使太極拳這一文化瑰寶能一代一代傳下去，得以繼承和持續發展。

太極武術教學光碟

太極功夫扇
五十二式太極扇
演示：李德印 等
(2VCD)中國

夕陽美太極功夫扇
五十六式太極扇
演示：李德印 等
(2VCD)中國

陳氏太極拳及其技擊法
演示：馬虹(10VCD)中國
陳氏太極拳勁道釋秘
拆拳講勁
演示：馬虹(8DVD)中國
推手技巧及功力訓練
演示：馬虹(4VCD)中國

陳氏太極拳新架一路
演示：陳正雷(1DVD)中國
陳氏太極拳新架二路
演示：陳正雷(1DVD)中國
陳氏太極拳老架一路
演示：陳正雷(1DVD)中國
陳氏太極拳老架二路
演示：陳正雷(1DVD)中國
陳氏太極推手
演示：陳正雷(1DVD)中國
陳氏太極單刀・雙刀
演示：陳正雷(1DVD)中國

楊氏太極拳
演示：楊振鐸
(6VCD)中國

本公司還有其他武術光碟
歡迎來電詢問或至網站查詢
電話：02-28236031
網址：www.dah-jaan.com.tw

原版教學光碟

歡迎至本公司購買書籍

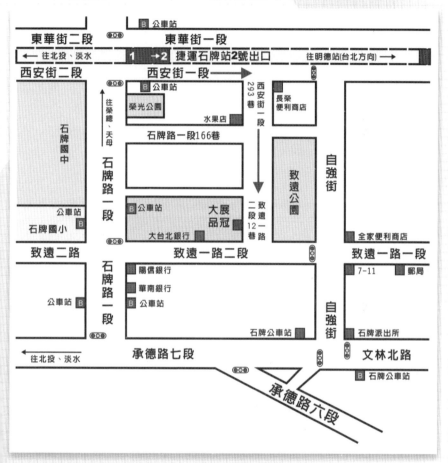

建議路線

1. 搭乘捷運‧公車

　　淡水線石牌站下車,由石牌捷運站2號出口出站(出站後靠右邊),沿著捷運高架往台北方向走(往明德站方向),其街名為西安街,約走100公尺(勿超過紅綠燈),由西安街一段293巷進來(巷口有一公車站牌,站名為自強街口),本公司位於致遠公園對面。搭公車者請於石牌站(石牌派出所)下車,走進自強街,遇致遠路口左轉,右手邊第一條巷子即為本社位置。

2. 自行開車或騎車

　　由承德路接石牌路,看到陽信銀行右轉,此條即為致遠一路二段,在遇到自強街(紅綠燈)前的巷子(致遠公園)左轉,即可看到本公司招牌。

國家圖書館出版品預行編目資料

陳式太極拳修煉精要／崔廣博　著
　　——初版，——臺北市，大展，2011〔民 100 . 11〕
　　面；21公分 ——（武術特輯；130）
　　ISBN　978－957－468－841－8（平裝；）

1.太極拳
528.972　　　　　　　　　　　　　　　100018343

陳式太極拳修煉精要

著　　者／崔廣博
責任編輯／張建林
發 行 人／蔡森明
出 版 者／大展出版社有限公司
社　　址／台北市北投區（石牌）致遠一路2段12巷1號
電　　話／（02）28236031・28236033・28233123
傳　　眞／（02）28272069
郵政劃撥／01669551
網　　址／www.dah-jaan.com.tw
E - mail／service@dah-jaan.com.tw
登 記 證／局版臺業字第2171號
承 印 者／傳興印刷有限公司
裝　　訂／建鑫裝訂有限公司
排 版 者／弘益電腦排版有限公司
授 權 者／北京人民體育出版社
初版1刷／2011年（民100年）11月

定　價／200元

大展好書　好書大展

品嘗好書　冠群可期